أصوات اللغة

حقوق الطبع محفوظة

الطبعة الثانية
1428 هـ - 2007 م
رقـــــم الإيــــــداع: 2004 / 20857
الترقـــــيم الـــــدولي: 977 - 6149 - 05 - 7

الناشر
الأكاديمية الحديثة للكتاب الجامعى
82 شارع وادى النيل ، المهندسين ، القاهرة ، مصر
تلفاكس: 561 3034 (00202) محمول 4593 173 012
البريد الاليكترونى **E-mail: J_hindi@hotmail.com**

مكتبة دار المعرفة
4 شارع السرايات أمام هندسة عين شمس ، القاهرة ، مصر
ت : 6844043 **E-mail: Dar_elmaarefa@yahoo.com**

أصوات اللغة

دراسة في الأصوات
ومخارجها وصفاتها وتماثلها وتخالفها
بين القدماء والمحدثين

الدكتور محمود عكاشة

الطبعة الثانية
طبعة جديدة مزيدة ومنقحة
1428هـ   -   2007م

الأكاديمية الحديثة للكتاب الجامعى

بسم الله الرحمن الرحيم

إهداء

إلى أستاذى
العالم الأستاذ الدكتور
كمال محمد بشر

الدكتور محمود عكاشة

مقدمة الطبعة الثانية

بسم الـلـه والصلاة والسلام على رسول الـلـه صلى الـلـه عليه وسلم

وبعد

عزيزى القارئ !

هذه الطبعة الثانية من الكتاب راجعتها وأصلحت ما عن لى فى الأولى، فتركت ما تأكد لى خلافه وزدت ما رأيت فيه حاجة، ووثقت بعض ما تركته تأكيدا عليه، وقد ذكرت المراجع كافية؛ لئلا يدعى مدع أنى أقول ما ليس لى دليل عليه معتبرا بقول القائل: " الاجتهاد فى علوم اللغة قليل وأكثره خطأ، فاجعل له سلفا " [1].

وكثير من المعاصرين يخشون الزيادة والاجتهاد والبحث فى قضايا معاصرة ويتقفون آثار السلف دون نظر فى خطابهم المعاصر وحاجة اللغة المعاصرة إلى معالجات تصحح مسارها فى الحياة، وتشد من أزرها والنظر فى توظيفها فى حقول المعرفة المعاصرة؛ لئلا تهمل.

وقد حرصت - ولم آل جهدا - على أن أجعل من قضايا العربية نصيبا كبيرا من بحثى وأن أجند جهود القدماء فى قضايا اللغة المعاصرة؛ فهى مرجعنا ومددنا الذى نستعين به فى بحثنا المعاصر .

وهذا الكتاب اجتهاد فى الدراسات الصوتية منطلقا فيه من جهود القدماء وآراء المحدثين فيها، ومعولا على بعض الدراسات الصوتية الغربية، ومناهج البحث الحديث، وعقدت مقارنات بين آراء السلف والمعاصرين، وبينت جهود العرب المتقدمة فى البحث الصوتى، وقد جعلنا مادة الكتاب من بعض نماذج القدماء وأمثلتهم وآرائهم، وزدت عليها بعضا من أمثلة المحدثين، واتخذت أمثلة أخرى مما سمعتها من الخطاب اليومى وبعض ظواهر اللهجات.

والكتاب - على صغر حجمه - جمعت فيه وفرة من موضوعات علم الأصوات

---

(١) هذا مستفاد من أقوال السابقين، انظر مقدمة جامع اللغة لابن القيم بتحقيق يسرى السيد، الوفاء، المنصورة.

وقضاياه فى إيجاز شديد وقصد عين الموضوع دون خروج عنه أو حشو فيه لتكتمل به الفائدة، وليسهل تناوله وتداوله.

ونرجو من الـلـه عز وجل أن يجد مدخلا إلى قلب قارئه وفهمه ووعيه وأدعوه – سبحانه وتعالى – أن يغفر ذلتى وهفوتى وأن يسدد خطاى إلى الصواب وإجادة العمل، آمين .

الدكتور محمود أبو المعاطى عكاشة

القاهرة - لاظوغلى

الجمعة: ٤محرم١٤٢٧ هـ - ٣ فبراير ٢٠٠٦ م

مقدمة الطبعة الأولى

الحمد لله رب العالمين، والصلاة والسلام على النبي العربي الأمين صلى اللـه عليه وعلى آله وأصحابه أجمعين وبعد :

فقد بدأت الدراسات الصوتية في فترة مبكرة من نشأة الحضارة الإسلامية، وترجع البداية الأولى في البحث إلى صدر الإسلام، وقد حمل لواءه علماء القراءات الذين عكفوا على بحث أحكام وجوه القراءات القرآنية، وأحكام تلاوتها وضوابطها.

وكان من ثمار هذه المرحلة التعرف على أصوات اللغة العربية، ومخارجها، وتحديد صفاتها التي تعرف بها، وتوسع البحث الصوتي فشمل أمورا عديدة تتعلق بالأصوات، وأفاد علماء العربية كثيرا من لهجات العرب في معالجة كثير من القضايا الصوتية، وتناولوا كذلك أوجه اختلاف الأصوات في اللهجات، وما يعتورها من تغيير، وبينوا معالم اختلاف اللهجات من خلال معالجتها صوتيا، وبينوا خصائصها.

وقد استطاع أئمة اللغة أن يتوصلوا إلى نتائج متقدمة في البحث الصوتي، وأن يضعوا معالم واضحة لعلم الأصوات لا تختلف في جوهرها كثيرا عما توصلت إليه الدراسات الحديثة بما تملكه من آلية بحث متقدمة، وقد تتابعت البحوث الصوتية، وتناولت موضوعات عديدة، واتسعت مجالاتها، إلى حقول عديدة واستطاع القدماء كذلك التعرف على أعضاء النطق أو ما يعرف بالجهاز الصوتي، ووصفوها وصفا دقيقا، وعينوا وظيفة كل عضو منها والساكن والمتحرك منها، وهيئتة في نطق الصوت.

لقد توصل القدماء في الدرس الصوتي إلى نتائج محمودة، مازالت عمادا لنا في دراستنا الحديثة، وتقوم عليها بحوثنا، فلا توجد سوى أوجه يسيرة مختلفة لا تعد في جوهرها مناقضة ما توصل إليه أسلافنا في هذا المجال.

واعتمدت الدراسات الحديثة على مناهج البحث العلمي الحديثة، والتقنيات الحديثة في بحث الأصوات، فاستطاعوا أن يضيفوا كثيرا إلى جهود القدماء، وأن يعيدوا تناول الأصوات من خلال معالجة معاصرة تناسب عصرنا وتلبي متطلباته، واستطاعوا كذلك أن يقدموا وصفا دقيقا لأعضاء النطق، ووظائفها في الكلام، وأن يستوثقوا من مخارج الأصوات بعيدة

المخرج، وحددوا صفات تلك الأصوات تحديدا دقيقا أيضا، وأعانهم على ذلك التقنيات الحديثة.

وقد حاولت - ولم آل جهدا - أن أسهم في الدراسات الصوتية بهذا البحث الضئيل المتواضع أمام جهود علمائنا، فتناولت الأصوات تناولا ميسورا يسهل فهمه ويعم النفع به في قراءة كتاب الله تعالى وتعلمه ليتردد صداه في أرجاء الدنيا فيوقظ همم المسلمين.

ونسأل الله تعالى أن يعم النفع به، وأن يشرح صدورنا لما يحبه ويرضاه، وأن يبصرنا رشدنا، ويهدينا سبلنا وآخر دعوانا أن الحمد لله رب العالمين.

الدكتور محمود أبو المعاطى عكاشة

١٤٢٤ هـ- ٢٠٠٤ م

تمهيد :

الأصوات اللغوية هي اللبن التي تبني منها الكلمة التي تدخل في تشييد تركيب الجملة، والجمل هي اللبن التي تشيد الكلام المفيد، فالأصوات هي أصل مادة الكلام ، وهي الأساس الذي يقوم عليه صرح بناء اللغة، وقد استطاع العلامة المسلم أبو الفتح عثمان بن جني (ت ٣٩٢ هـ) أن يتوصل إلي تعريف دقيق للغة يجمع بين طبيعتها الصوتية ووظيفتها في المجتمع. فقال: [اللغة] " أصوات يعبر بها كل قوم عن أغراضهم "(١).

يتضمن هذا التعريف العناصر الأساسية في اللغة، فيوضح الطبيعة الصوتية، ويؤكد أن اللغة أصوات؛ لينفي الخطأ الشائع أن اللغة في جوهرها ظاهرة مكتوبة، كما يكشف هذا التعريف حقيقة دور اللغة في المجتمع، وهو التعبير من خلال التواصل الاجتماعي، وهو وظيفة اجتماعية، ومن ثم تختلف باختلاف المجتمع، وتتأثر بظروفه، وتواكب حركته في الحياة(٢).

وتناهز لغات العالم المعاصر أربعة آلاف لغة تقريبا تتمتع كل لغة منها بخصائص خاصة تختلف عن غيرها من اللغات، ولكن جميع هذه اللغات تتفق في أنها لغات منطوقة، وبعضها يكتب، وله نظام كتابي خاص، وجميعها تستعمل في التواصل الاجتماعي، وجميعها تتكون من أصوات تشكل بنيتها اللفظية.

فاللغات جميعها أصوات تخرج من الجهاز الصوتي عبر الفم(٣)، ويمكن التمييز بين لغة وأخري من خلال اختلاف الأصوات، فالأصوات من العناصر المهمة في التفريق بين اللغات - إلي جانب الاختلاف الدلالي (المعاني) ـ واختلاف الأبنية والتراكيب (النظام الصرفي، والنظام النحوي).

وتتميز اللغة العربية عن غيرها من اللغات ببعض الأصوات المميزة التي تختص بنظامها

(١) الخصائص، أبو الفتح عثمان بن جني، تحقيق محمد على النجار، الهيئة العامة للكتاب جـ٣٣/١.
(٢) ارجع إلي: مدخل إلي علم اللغة، الدكتور محمود فهمي حجازي، دار الثقافة ١٩٧٦م، ص ٣١٢
(٣) الأصوات الأنفية التي يقع رنينها فى الأنف مع خروج الهواء، الميم والنون، وليس الأنف بمخرج لهما، فالميم شفوية والنون لثوية، ورنينهما فى تجويف الأنف، ويمكنك ملاحظة ذلك بغلق الأنف خلال نطقها.

الصوتي، مثل أصوات الإطباق (الصاد، والضاد، والظاء)، وأصوات الاستعلاء (القاف، والغين، والخاء).

وبعض الأصوات النادرة فى اللغات، ومنها صوتا الحلق: الحاء، والعين، وتعرف العربية بلغة الضاد؛ وهى ضاد قديمة جانبية (من الشدق) تشبه الظاء، وليست الضاد المعاصرة، فالأولى لا نظير لها فى اللغات، وتختص بالعربية عن غيرها من اللغات. وتتميز العربية كذلك بالأصوات الأسنانية التي تخرج بوضع طرف اللسان أو رأسه بين الأسنان مثل: الثاء، الذال ، والظاء ، وهي أصوات نادرة في اللغات العالمية .

ونطق صوت الجيم في العربية يختلف عن نطق صوت " J " و " G " في الإنجليزية وغيرها، وتوجد كذلك بعض الأصوات في اللغات الأخرى لا يوجد لها نظير في العربية مثل :

ch - v - p، في الكلمات التالية: Pan van - chair[1]، وقد تأثر الخطاب العربي المعاصر ببعض أصوات اللغات الأجنبية، ودخلت بعض ألفاظها العربية بلفظها دون تعريب.

وتختلف اللغات كذلك في ترتيب بعض الأصوات الصامتة Consonant والأصوات الصائتة Vowels، فأصوات كلمة " كتب " موجودة في الإنجليزية، ولكنها لا تخضع للنظام نفسه الذي وضعت به في العربية ، فالعربية في نظامها الصوتي العام لا تبدأ الكلمات بصوت ساكن خلافا لبعض اللغات الأخرى كالإنجليزية التي تخرج عن هذه القاعدة في بدء الكلمات بالساكن، والعربية تبدأ بالمتحرك فقد وضعت العربية همزة وصل في صيغة استفعل لعزوفها عن البدء بالساكن، كما تتخلص من التقاء الساكنين بتحريك أحدهما.

وقد قسم العلماء اللغة على أربعة مستويات: مستوي الأصوات، وهو الذي يدرس أصوات اللغة، ويشتمل علي علم الأصوات العام Phonetics، وعلم الوحدات الصوتية Phonemics، ومستوي الصرف Morphology، وهو مستوي دراسة الصيغ اللغوية، ومستوي النحو Syntax، وهو القواعد التي تنظم فيها الكلمات، ومستوي المفردات Vocabularyالذي يختص بدراسة الكلمات المنفردة، ومعرفة أصولها، وتطورها

---

(١) Pan: مقلاة، Van: مروحة، جناح، Chair: كرسى.

التاريخي، ومعناها الحاضر، وكيفية استعمالها[1]. وزاد بعضهم مستوى الدلالة والمستوى المعجمى.

وهذه العناصر تتعاون معا في إقامة بناء اللغة، فلا يمكن الفصل بينها؛ لأن كل جانب يساهم في المستوي الذي يختص به الآخر، فمن الصعب الفصل بين الأصوات والصيغ الصرفية، لأن هذه الصيغ من وحدات صوتية، ويوجد تبادل مطرد بين الصرف والنحو، وكذلك توجد علاقة قوية بين الصرف ومعاني الكلمات، والأصوات تدخل في بنية هذه الأنظمة جميعها .

** ** ** **

(1) ارجع إلي: أسس علم اللغة ، ماريو باى ، ترجمة الدكتور أحمد مختار عمر ، عالم الكتب ، ١٤١٩ هـ - ١٩٩٨ م . ص ٤٣ ، ٤٤ ,

علم الأصوات

علم الأصوات Phonetics هو دراسة أصوات اللغة، وقد أطلق بعض اللغويين مصطلح Phonology، ويريدون به دراسة التغيرات والتحولات التي تحدث في أصوات اللغة نتيجة تطورها.

ولكن هذه الدراسة للتغيرات التاريخية في الأصوات يمكن أن يطلق عليها كذلك اسم علم الأصوات التاريخي Historical Phonetics أو Diachronic Phonetics ورأي ثالث يري أن المصطلحين Phonology و Phonetics مترادفين[1].

ويري ماريوباي - بعد أن سلم بتعريف مصطلح Phonology علي أنه الدراسة التاريخية لأصوات اللغة - أن علم الأصوات العام Phonetics ينبغي أن يعرف علي أنه العلم الذي يدرس، ويحلل، ويصنف الأصوات الكلامية من غير إشارة إلي تطورها التاريخي، وإنما فقط بالإشارة إلي كيفية إنتاجها وانتقالها واستقبالها.

وعلم الأصوات بهذا المعني الأخير فرع من فروع علم الأصوات الوصفي، وله أقسام عدة، وهي علم الأصوات النطقي Articulator Phonetics، وعلم الأصوات الفيزيائي أوالسمعي أو الأكوستيكي Acoustic Phonetics، وعلم دراسة الأصوات الإنتاجي Genetic Phonetics، وهو الذي يدرس أصوات الكلام. وعلم الأصوات الوظائفي Physiological Phonetics.

وقد اختار مايوباي موقفا وسطا، وهو أن مصطلح Phonology يرتبط بالدراسة التاريخية للتغيرات الصوتية، ومصطلح Phonetics يرتبط بوصف الأصوات في مرحلة زمنية معينة، أو أن يتبع الأول بكلمة تاريخي أي علم الأصوات التاريخي Phonology. ويتبع الثاني بكلمة الوصفي أي علم الأصوات الوصفي Phonetics، علي اعتبار أن المصطلحين مترادفان[2].

ويتبين مما ذكره العلماء عن المصطلحات الصوتية وجود تداخل واضح في استخدامها ومجال اختصاصها، وقد قصر معظمهم مصطلح Phonetics فونتكس علي دراسة أصوات الكلام مستقلة عن تقابلات نماذجها، وعن تجمعاتها في لغة معينة، ودون نظر إلي وظائفها

---

(١) أسس علم اللغة ص ٤٦ .
(٢) ارجع إلي أسس علم اللغة ص ٤٧ .

اللغوية، أو حتى معرفة اللغة التي تنتمي إليها، وترجمه الدكتور تمام حسان إلي " الأصوات "، ولم يقبل الدكتور كمال بشر ترجمته إلي"علم الأصوات العام " لأن هذه الصيغة تناسب المصطلح الإنجليزي General Phonetics وليس مجرد Phonetics [١].

وأرى أن وضع مصطلح عربي خالص يعصمنا من هذا الخلاف والخوض في شيء لم يتفق عليه أهله، فعلم الأصوات مصطلح عربي يراد به دراسة الأصوات عامة ويخصص ما تحته بالوصف فنقول: علم الأصوات النطقي ويختص بعملية نطق الكلام وأدائه، ويجوز أن نقول: علم الأصوات الإنتاجي، وعلم الأصوات التماثلي، ويتعلق بعملية نقل الصوت مشافهة أو عبر وسيلة صناعية، وعلم الأصوات السمعي ووظيفته عملية التلقى وما يتعلق بها، وعلم الأصوات التاريخي ويدرس مراحل تطور الصوت، وعلم الأصوات الوظيفي ووظيفته بحث أثر الصوت في الدلالة وأثر التنوع الصوتي وبعض العناصر الصوتية وعلاقة ذلك بالمعنى السياقي.

موضوع علم الأصوات

موضوع علم الأصوات، هو الوحدات الصوتية الصغرى في الكلام، فالوحدة الكبرى في المجموعة الكلامية هي الجملة، مثل " محمد في البيت " وتتركب هذه الجملة من وحدات أصغر منها، هي ما يطلق عليها اسم الكلمات، مثل: " محمد "، " في "، " البيت " في الجملة السابقة، وتتركب الكلمات من وحدات أصغر منها، هي ما يطلق عليه اسم الأصوات، فكلمة " محمد " مكونة من وحدات صوتية أصغر من وحدة الكلمة، وهي: صوت الميم، ثم صوت الضمة، ثم صوت الحاء، ثم صوت الفتحة، ثم صوت الدال، علي الترتيب [٢].
وهذه الوحدات الصوتية، هي موضوع " علم الأصوات " الذي يدرس الأصوات اللغوية، من ناحية وصف مخارجها، وكيفية حدوثها، وصفاتها المختلفة التي يتميز بها صوت عن صوت، كما يدرس القوانين التي تخضع لها هذه الأصوات في تأثر بعضها ببعض، عند تركيبها في الكلمات أو الجمل.

واللغة التي يدرسها علم الأصوات هي اللغة الحية المنطوقة أو لغة الخطاب اليومي أو اللغة التي نستطيع أن نتعرف منها علي مظاهرها الصوتية، واللغة المكتوبة لا نستطيع أن نتعرف من خطها علي كل سماتها الصوتية.

---

(١) ارجع إلي: دراسة الصوت اللغوي، الدكتور أحمد مختار عمر، عالم الكتب ١٩٩١ م ، ١٤١١ هـ ص ٦٩.
(٢) ارجع إلي: المدخل إلي علم اللغة، ومناهج البحث اللغوي، الدكتور رمضان عبد التواب، مكتبة الخانجي ١٩٨٥ ، ١٤٠٥ هـ ص ١٣.

ويعد علم الأصوات الذي يدرس أصوات اللغة فرعا من فروع علم اللغة، ولكنه يختلف عن الفروع الأخرى؛ لأنه يدرس اللغة المنطوقة فقط التي تعد هدفا لعلم الأصوات دون أشكال الاتصال الأخرى المنظمة، كاللغة المكتوبة، ورموز الصم والبكم، والحركات الجسدية والإشارية، وغيرها من الرموز والحركات والهيئات التي تؤدي دلالات اتصالية بين أفراد المجتمع، ومن ثم فعلم الأصوات لا يهتم إلا بالتعبير اللغوي، دون المضمون الذي يقوم تحليله علي القواعد (الجانب النحوي)، والمعجم (الجانب الدلالي)[1]. فعلم الأصوات فرع من فروع علم اللغة العام، ومهمته دراسة الكلام. والكلام هو وسيلة الاتصال الأولي المستخدمة عالميا في التواصل البشري.

والكلام عبارة عن الأصوات التي تصدر من مناطق الحنجرة والحلق والفم باندفاع الهواء من الرئتين، فالهواء الذي يندفع من الرئتين بفعل حركة الحجاب الحاجز أسفل الصدر يمر في التجاويف الحلقية والفموية والأنفية، ويتعرض لاحتكاك مباشر بأجزاء من هذه التجاويف، فينتج عن هذا الاحتكاك أصوات مختلفة تشكل الوحدات الصوتية لبنية الكلمة.

ويشتمل علم الأصوات علي أربعة أفرع فى الدراسات الحديثة:[2]

١- علم الأصوات العام، وهو دراسة الإمكانات الصوتية الفيزيقية للإنسان، ودراسة الجهاز الصوتى.

٢- علم الأصوات الوصفي، وهي دراسة الخصائص الصوتية للغة معينة أو لهجة.

٣- علم الأصوات التطوري أو التاريخي، وهو دراسة التغيرات الصوتية التي تتعرض لمخالفة معينة خلال تاريخها، كما يدرس العوامل التي تحكم التطور الصوتي وأسبابه.

٤- علم الأصوات المعياري، وهو مجموعة القواعد التي تحكم النطق السليم للغة معينة، فالضبط يستلزم وجود معيار للنطق الصحيح داخل مجموعة لغوية، دولة كانت أو مقاطعة أو وحدة ثقافية أو مجموعة اجتماعية.

ويطلق علي إنتاج الكلام وتلقيه الحدث الكلامي، وهو ويفترض حضور شخصين علي الأقل، وهما المرسل (المتكلم) والمتلقي (السامع) فالأول ينتج الأصوات، والآخر يسمعها

(١) علم الأصوات، برتيل مالمبرج، تعريب ودراسة الدكتور عبد الصبور شاهين، مكتبة الشباب ص ٦ .
(٢) علم الأصوات، برتيل ص ٨.

ويفسرها.

وبهذا يمكن دراسة الأصوات من ثلاثة جوانب يمثل كل جانب منها فرعا مستقلا من علم الأصوات، وهي[1] :

١- علم الأصوات النطقي Articulator Phonetics

ويختص علم الأصوات النطقي بثلاثة جوانب:

أ- دراسة الأصوات المنطوقة، والتفريق بينها من حيث المخرج (لثوية، شفهية ....). أو الكيفية التي تنطق بها (انفجارية، احتكاكية) وبيان صفتها (مجهورة ، مهموسة) ونوعها (أنفية، فموية) إلي غير ذلك من التصنيفات.

ب- الطريقة التي تكون بها والأعضاء المستخدمة في هذا التكوين.

جـ- وظيفة الصوت المنطوق .

٢- علم الأصوات الفيزيقي (الأكوستي أو الأكوستيكي)

Acoustic Phonetics[2]

وهو العلم الذي يعالج البيئة الفيزيقية للأصوات المستعملة أو العلم الذى يختص بدراسة الخصائص الفيزيقية للكلام (الموجات الصوتية فى الهواء)، كما يدرس كيف تقاوم الأذن هذه الأصوات ويمكن تحديد اختصاصه في جانبين هما :

أ - دراسة الموجات والذبذبات الصوتية التي أحدثها المتكلم .

ب- دراسة الوسيط الذي انتقل عبره الكلام إلي أذن السامع. أو القناة التي مر منها حتى وصل إلي المتلقي.

٣- علم الأصوات السمعي أو الإدراكي

Auditory or Perceptuol Phonetics

ويختص علم الأصوات السمعي بدراسة الاستماع إلي الموجات الصوتية واستلامها في الأذن، وما يحيط بها من أجهزة السمع، ولها جانبان :

---

(١) ارجع إلي: معرفة اللغة، جورج يول، ترجمة الدكتور محمود فراج، ط ١٤٢٣هـ ٢٠٠٣م ص٥٢.

(٢) ارجع إلي علم الأصوات، برتيل، تحقيق عبد الصبور شاهين ص ٧٠، وعلم اللغة المبرمج، الأصوات والنظام الصوتي، الدكتور كمال بدوى، ص ٦.

أ- جانب عضوي، ويتركز في دراسة فسيولوجية Physiology الأذن وما يرتبط بها من أجهزة السمع.

ب- جانب نفسي، ويتركز في دراسة سيكولوجية الاستماع من حيث التأثير في المستمع، واستجابته للمتكلم، ومن حيث العمليات العقلية التي تجري في ذهنه لتفسير الكلام.

وينقسم البناء الصوتي إلي نوعين :

الأول- الفوناتيك أو علم الأصوات العام (Phonetics) .

الثاني- الفونيمك أو وعلم الأصوات الموظفة(Function Phonemics)

ويطلق الأول على الدراسة العامة لخصائص أصوات الكلام، أو دراسة أصوات اللغة، ويدرس الأصوات من حيث ميكانيكية إصدارها (أين تنطق، وكيف تنطق) مثل وصف صوت " الباء " بأنه فموي والميم بأنه أنفي.

ويدرس النوع الثاني وظيفة الصوت وما يؤديه التفاعل بين صوت وصوت من اختلاف في المعني، مثل اختلاف صوتي الباء والميم في نحو: مل وبل، وهو يؤدي إلي اختلاف معني الكلمتين.

فدراسة النبر[1] مثلا وموضعه من الكلمة أو الجملة من اختصاص علم الأصوات العام (الفوناتيك)، ولكن دراسة الوظيفة التي يؤديها النبر في الدلالة من اختصاص علم الأصوات الوظيفى Phonomics، مثل: ما شاء الـلـه. إذا وقع النبر علي "ما " فقلنا: ما شاء الـلـه . يقع علي " ما " فما اسم موصول والجملة مثبتة، ويدخل في صميم اهتمام الفونيميك وظيفة الوقفة في الكلام، ونرمز للوقفة بـ " + " في المثال التالى: إن + شاء. بوقفة بين إن وشاء، ثم تنطق هذا المثال دون وقفة فاصلة بين المقاطع الصوتية، فيصبح: إنشاء. يوجد فرق بين الاثنين في المعني وفي التركيب، فالأول تركيب فعلي مصدر بأن الشرطية، والثاني عبارة عن كلمة مفردة (مصدر). ولنتأمل أداء هذين المثالين، ونبحث دلالة كل منهما :

ـ ما فهم محمد.(موضع النبر علي ما). ـ ما فهم محمد. (موضع النبر علي فهم).

(١) النبر إعطاء مزيد من العناية في نطق مقطع صوتي، فيصبح هذا المقطع ظاهرا في الأداء بقوته الصوتية، أو الضغط علي مقطع من المقاطع بقوة لإظهاره ويحقق ظهوره في الأداء دلالة تتعلق به، وهو من العناصر الثانوية فى الأصوات، ولا يعد أساسا فيها.

أدي اختلاف وقوع النبر إلي وقوع تضاد بين دلالة الجملتين، ففي الجملة الأولي وقع النبر علي "ما " فدلت علي النفي، فالنبر يقع علي المقاطع التي تؤدي وظيفة في التعبير، فما أداة نفي، ووقع النبر في المثال الثاني علي الفعل " فهم "، وأهملت "ما " من النبر، فدلت علي معني اسم الموصول " الذي "، فصارت الجملة مثبتة، وهذه عناصر ثانوية تشارك فى الدلالة وتدخل فى اختصاص علم الأصوات الوظيفى.

وعلم الفوناتيك يدرس الأصوات فقط، دون البحث عن وظيفتها في الدلالة، فيصف الأصوات بأنها: لثوية أو شفتانية، أو غارية، أو طبقية، أو حلقية، أو حنجرية، أو لهوية. ويصفها كذلك من ناحية وضوحها في السمع بأنها: انفجارية أو احتكاكية، أو مجهورة أو مهموسة. ويقسم الأصوات على: صامتة وصائنة، فعلم الفوتانيك يتناول صوت " ب " من حيث إنه صوت صامت ، ويصفه بأنه صوت شفتاني انفجاري[1].

فموضوع هذا العلم الأصوات كمادة يدرسها، ويصنفها، ويصفها دون بحث جوانب الأصوات الأخرى في الكلام ودورها فيه. وقد اتجهت الدراسات الصوتية الحديثة إلى دراسة وظيفة الأصوات فى الدلالة، وأثر اختلاف صوت فى كلمتين متشابهتين وما يترتب عليه من اختلاف فى الدلالة، وبحثوا أثر العناصر الصوتية الثانوية فى الدلالة مثل: النبر والتنغيم والإيقاع ومستوى طبقة الصوت والوقفات الداخلية والخارجية، وهذه الدراسات تدخل فى مجال علم الأصوات الوظيفى، وهذا يدخل فى التوظيف العملى للعناصر الصوتية، والتراث اللغوى العربى حافل بهذا النوع من الدراسات، فقد اعتنى العرب بالخطاب المنطوق ووظفوا الأداء الصوتى متمثلا فى العناصر الصوتية التى تصاحب الأصوات الأساسية فى التأثير فى المتلقى وتصاحبها الحركات الجسدية وهيئة المتكلم وعلاقته بالعالم الخارجي، ووظف قراء القرآن الكريم هذه العناصر فى أدائهم القراءات، فجانس أسلوب الأداء معنى الآية، وهم مؤسسو علم الأداء فى العربية أو فن الألقاء.

** ** ** **

(١) ارجع إلى أسس علم اللغة، ماريو باى، ترجمة الدكتور أحمد مختار عمر، عالم الكتب ط١٤١٩/٨هـ-١٩٩٨م ص ٤٦،٤٧، ومعرفة اللغة، جـورج يول، ص٥٢، واصطلح العلماء على إطلاق مصطلح Phonotics على الدراسات الصوتية عامة، وبعضهم يعد مصطلح Phonology مرادفا له، ويرجح الأخير فى مجال تطور الأصوات ومايعتورها من تغيير أو تحول.

الأعضاء الصوتية

يتكون الجهاز النطقي عند الإنسان من التجويف الفموي، والتجويف الأنفي، والحلق، والحنجرة، والقصبة الهوائية والرئتين والحجاب الحاجز، وتؤدي هذه الأعضاء وظائف أخرى غير الكلام، فالفم يقوم بمضغ الطعام، ليسهل بلعه وهضمه، ويقوم التجويف الأنفي بتكييف الهواء قبل دخوله إلي الرئتين، والحلق عبارة عن ممر مشترك بين الحنجرة والبلعوم (المريء) يمر منه الطعام والهواء، والحنجرة تعد صماما للقصبة للهوائية، ففيها الأوتار الصوتية التي تؤدي وظيفة الصمام فتحبس الهواء، أو تسمح بمروره، والقصبة الهوائية ممر للهواء، وتقوم الرئتان بضخ الهواء (القوة التى تحدث الأصوات) وتقوم بتنقية الدم الموجود بالجسم عن طريق إعطائه الأكسجين وتخليصه من ثاني أكسيد الكربون الذي يخرج زفيرا، والحجاب الحاجز هو المحرك للرئتين، فالكلام وظيفة ثانوية لهذه الأعضاء التي نطلق عليها تجاوزا الجهاز النطقي، فأجزاء منه تدخل في الجهاز الهضمي، وأجزاء أخرى تدخل في الجهاز التنفسي[١].

وقد جعل المحدثون أعضاء النطق مبحثا فى علم الأصوات بيد أن القدماء اكتفوا بذكر عضو الصوت وعرفوه اصطلاحا، وبعضهم – ومنهم ابن سينا – تناوله تشريحا وبين عمله ووظائفه.

ونتناول فيما يأتى هذه الأعضاء من الداخل إلي الخارج[٢] :

أولا - الرئتان Lung

الرئة جسم مطاط قابل للتمدد والانكماش، ويقوم الحجاب الحاجز بتحريكهما بمساعدة القفص الصدري من ناحية أخرى، وتؤدي الرئتان وظيفة مهمة في الكلام وهي دفع الهواء وجذبه، والهواء هو مصدر القوة في عملية الكلام، ويحدث الكلام في عملية الزفير، وذلك بأن تعترض الأعضاء الصوتية ممر الهواء، فيخرج الهواء في دفعات تتفق كل دفعة منها مع

---

(١) ارجع إلي: أصوات اللغة ، الدكتور عبد الرحمن أيوب، ط٢ / ١٩٦٨ ص ٤٠ وما بعدها، والمدخل إلي علم اللغة، الدكتور رمضان عبد التواب ص٢٢. وارجع إلى أطلس الأصوات، للدكتورة وفاء البيه، الهيئة العامة للكتاب ص١٠ ومابعدها.

(٢) لم يتناول المتقدمون من علماء اللغة مخارج الأصوات فى موضع مستقل بها، فلم يصفوها ولم يصفوا طريقة نطق الصوت حتى قام ابن جنى (ت ٣٩٢ هـ) بوصفها ووصف طريق نطق الصوت، ثم قام ابن سينا بتشريح الأعضاء الصوتية.

إنتاج مقطع صوتي كامل[١].

ثانيا - القصبة الهوائية Wind- Pipe

هي أنبوبة من الغضاريف علي شكل حلقات غير مكتملة من الخلف أو غير كاملة الاستدارة، ومتصل بعضها ببعض بواسطة نسيج غشائي مخاطي، خلاياه السطحية هدبية، ويوجد البلعوم خلف هذه الأنبوبة، وهو عبارة عن أنبوبة مطاطية من الجلد تنقل الطعام والشراب من الحلق إلي المعدة ويتمدد خلال مرور الطعام عرضيا فيتسع في المنطقة المرنة من القصبة الهوائية، وطول القصبة الهوائية نحو١١ سم، وقطرها يتراوح بين ٢ سم، و٢,٥ سم.

ثالثا - الحنجرة Larynx

جسم عظمى أجوف يشبه قبضة اليد، به مجموعة من الغضاريف والعضلات والأنسجة المتحركة تربط بينها وظيفة مشتركة، هي فتح القصبة الهوائية أو إغلاقها علي نحو يناسب عمليات التنفس والكلام والبلع، وتقع الحنجرة بين قاعدة اللسان وأعلي القصبة الهوائية التي تتصل بها مباشرة، وهي حلقة الاتصال بين فراغ الحلق من أعلي (حيث تبدأ فوهتها وفوهة البلعوم) وبين القصبة الهوائية من أسفل. ويختلف حجمها عند الكبار والصغار، وعند الذكور والإناث، فهي عند الكبار أكبر من الصغار، وهي عند الذكور أكبر منها عند الإناث. وتتكون الحنجرة من عدة غضاريف :

أ - الغضروف الدرقي The Thyroid: ويحمي أجزاء الحنجرة الداخلية الحساسة، وهو من مقدمة الرقبة فوق الغضروف الحلقي، ويتكون من زوج من الصفائح تلتحم حافتها الأمامية بزاوية قدرها ٧٠° تقريبا، وله بروز نسميه تفاحة آدم[٢]. يظهر عند الرجال وتنفصل الصفيحتان من أعلي علي شكل "٧" بزاوية قدرها٩٠° عند الرجال و١٢٠° عند النساء،

(١) أصوات اللغة ص ٤٤ ، ٤٦

(٢) تطلق علي الحنجرة الأسماء الآتية: الحلقوم، الحنجور، تفاحة آدم Adam' apple (الحرقدة، وصندوق الصوت) وقد تناولها ابن سينا تناولا مفصلا فى كتابه "أسباب حدوث الحروف" وقد عالج فيه أعضاء النطق وبعض قضايا الأصوات، والجديد فيه والمتقدم الوصف التشريحى الدقيق لأعضاء النطق الداخلية، والكتاب من تحقيق محمد حسن ويحيى مير، وتناول ذلك أيضا فى كتابه " القانون فى الطب " تحقيق إدوارد العش طبعة عز الدين للطباعة والنشر، ١٩٧٠م ، جـ ٤٤/١ ، ٤٥.

وتسمي بالندبة الدرقية The Thyroid Notch، وتتصل الصفيحتان بقرنين أحدهما علوي والآخر سفلي، ويتصل كل من القرنين السفليين بالجانب الذي يليه من الغضروف الحلقي، وينتهي القرنان العلويان برباطين يصلانهما بالعظم اللامي المتصل بقاعدة اللسان[1].

ب - الغضروف الحلقي The Cricoid: يقع أعلي حلقات القصبة الهوائية، وهو تام الاستدارة علي شكل خاتم ذي فص عريض في المؤخرة وينسحب في تدريج إلي المقدمة، ويعد هذا الغضروف قاعدة الحنجرة من أعلي.

جـ - الغضروفان الهرميان The Arytonoide: كل منها علي شكل هرم مثلث القاعدة، له قمة وثلاثة زوايا وقاعدة بواسطة إحدى هذه الزوايا أما الزاويتان الأخريان تتجه رأس إحداهما إلي داخل فراغ الحنجرة، وتتجه رأس الأخرى إلي خارج هذا الفراغ، وتسمي رأس الزاوية الخارجية باسم النتوء العضليMuscular Process، ورأس الداخلية باسم النتوء الصوتي Vocal Process، ويتركز الغضروف الهرمي علي الزاوية، ويوجد رباط بين الغضروف الهرمي وبين مؤخرة الغضروف الحلقي عند الزاوية يسمح له بالحركة نحو الغضروف الهرمي الآخر، أو في اتجاه مضاد.

ويسمح كذلك للغضروفين الهرميين بأن يستديرا في اتجاهين متضادين أو أن يميل أحدهما نحو الآخر حتى تلتقي قمتاهما ويستطيع هذان الغضروفان بحركتهما نحو الداخل والخارج أن يفتحا فراغ الحنجرة أو يغلقانها تماما، أو أن يضيقا فتحتها، وهذه الحركات المتعددة تساعد علي تنويع الصوت، وطبقته ارتفاعا وانخفاضا.

ويوجد بالحنجرة أيضا الغضروفان المخروطيان The Cuneiform Cartiloges فوق الغضروفين الهرميين، ويوجد أيضا الغضروفان القرنيان The cornincuctate cartilages فوق الغضروفين الهرميين السابقين، وأسفل قليلا من الغضروفين المخروطين، وليس لهذه الغضاريف دور في إنتاج الأصوات .

د - لسان المزمار The Epiglottis: هو صفحة رقيقة، تشبه رأس الملعقة أو ورقة

---

(١) ارجع إلى: أصوات اللغة ص٤٩، وأسباب الحروف لابن سينا ص٦٤،٦٥، والقانون فى الطب له أيضا، جـ١/٤٤.

الشجرة، وهي غضروفية ليفية، تبرز بميل إلي أعلي خلف اللسان وجسم العظم اللامي(الغلصمة)[١] وأمام مدخل الحنجرة، والطرف العلوي من لسان المزمار عريض مستدير يعتمد في حركته علي الجذب الواقع عليه من الأربطة المتصلة بالأعضاء الأخرى. وتتمثل وظيفته الصوتية في التأثير علي نوع الحركات فهو يجذب إلي الخلف عند النطق بالفتحة الموجودة في كلمة " طالب "، والضمة الموجودة في كلمة " صورة "، ويجذب إلي الأمام عند النطق بالحركتين الموجودتين في الكلمتين " مين " و " فين " في المصرية[٢].

ويوجد بالحنجرة عضلات خارجية مهمتها جذب الحنجرة إلي أعضاء أخري أو جذب أعضاء أخرى إلي الحنجرة، وعضلات داخلية مهمتها جذب الغضاريف التي تكون الحنجرة بعضها إلي بعض[٣].

وأهمية العضلات الخارجية ربط غضاريف الحنجرة بالأجزاء الخارجية مثل الفم اللامي المتصل بقاعدة اللسان الذي يربطه عضلتان بالغضروف الدرقي، وتربط عضلة وسط الغضروف الدرقي من الداخل بلسان المزمار من الخارج، وتربط عضلة لسان المزمار بالعظم اللامي، وأخري تربط لسان المزمار بقاعدة اللسان، وتوجد عضلتان تربطان لسان المزمار بالغضروفين الهرميين.

ويصل القمع المطاط بين مقدمة الغضروف الحلقي من جهته العليا وبين أسفل الغضروف (الدرقي)، والقمع المطاط عبارة عن نسيج غشائي يسير مع الشكل البيضاوي لأعلي الغضروفين الهرميين فوق مؤخرة الغضروف الحلقي[٤]، وهذا النسيج يأخذ شكل قمع يتجه بميل إلي أعلي حتى يصل إلي النتوء الصوتي، وقاعدة هذا القمع فارغة تدور مع فتحة " الغضروف الحلقي البيضاوي " الذي يتصل بالقصبة الهوائية مباشرة، وجانبا هذا القمع علي شكل مثلثين متشابهين، ويوجد فوق الضلعين الخلفيين من هذا القمع عضلتان هامتان من عضلات الحنجرة الداخلية يعرف الجزء الأسفل منها باسم الأوتار الصوتية، التي تعد أهم

(١) الغلصمة: صفيحة غضروفية عند أصل اللسان، سرجية الشكل، مغطاة بغشاء مخاطي، تنحدر من الخلف لتغطية فتحة الحنجرة لإقفالها أثناء البلع.

(٢) أصوات اللغة ص ٤٩، ٥٠.

(٣) ارجع إلي: تفاصيل هذه العضلات في كتاب أصوات اللغة ص ٥٠، ٥١، ٥٢.

(٤) نفسه ص ٥١، ٥٢.

جزء من العملية الصوتية في الحنجرة، والعضلات الداخلية وهي التي تحرك أجزاء الحنجرة .

هـ - الأوتار الصوتية Vocol Cords: الوتر الصوتىVocal Cords(شريط صوتى): غشاء رقيق[1]، ويوجد بالحنجرة غشاءان، وهما في الواقع جزء من العضلتين الدرقيتين الهرميتين، وهما امتداد إلي أعلي للقمع المطاط، وهما أرق منه نسيجا، وتلتقي هاتان العضلتان، فتجذبان الغضروفين الهرميين إلي الأمام بشيء من الميل نحو الغضروف الدرقي عند البلع، ويقوم الجزء العلوي من هاتين العضلتين بوظيفة محددة في إنتاج الصوت، لا تزيد علي تغيير طفيف في نوعه ينتج عن قربه من الجزء المطاط وما يغطيه من غشاء مخاطي، والوتر الصوتى ليس علي شكل وتر مثبت من طرفيه بل مثبت من جميع نواحيه، فيما عدا ناحية واحدة، ويقابله وتر مثله مثبت على الجانب الآخر، ويوجد بينهما فراغ يعرف باسم فراغ الحنجرة، يمر منه الهواء، ويزيد اتساعا في حالة الصمت، ولهذا فتسمية الأوتار الصوتية غير دقيقة، فهي لا تأخذ شكل الوتر الممتد بين نقطتين[٢]. بل يأخذ شكل نصف دائرة على جنب من الحنجرة يقابله غشاء مثله يشكل نصف دائرة فى حالة امتدادهما.

وهذان الوتران رقيقان، ويلتقيان في مقدم الحنجرة في نقطة واحدة، وينتهي كل جانب منهما إلي غضروف متحرك في الناحية الخلفية من الحنجرة، وبينهما فتحة تشبه العدد (٧) ويمر من بينهما الهواء في حالتي زفير وشهيق، ويمر كذلك بينهما خلال الكلام ، وهذه الفتحة تسمي تجاوزا فتحة المزمار لوقوع لسان المزمار عليها. وقد عدلت عن تسمية الوترين الصوتيين إلى مصطلح أكثر دقة وهو الغشاءين الصوتيين، ولكن الأول (الوترين الصوتيين) ذاع فى البحث الصوتى فتركت الثانى لشهرة الأول.

والوتران الصوتيان يكونان منفرجين فى حالة التنفس، ويسمحان بمرور الهواء فى نطق بعض الأصوات، وهما منفرجين دون أن يغلقا الحنجرة أو يضيقان مخرجها، فلا يتذبذبان، ويسمى الصوت المنطوق مهموسا، وقد يقتربان ويتذبذبان فى نطق بعض الأصوات، فيسمى الصوت مجهورا، فالهمس عدم التذبذب والجهر خلافه[٣].

---

(١) وبعض الصوتيين يسميه الحبال الصوتية، وأرى أن نسميه الغشاء الصوتى؛ لأنه أدق تعبيرا عن هيئته، فهو غشاء رقيق يمتط وليس بوتر دقيق يشبه الشعرة، والحبل الصوتى بعيد عن الدلالة عليه.

(٢) علم الأصوات، برتيل مالمبرج، ترجمة الدكتور عبدالصبور شاهين، مكتبة الشباب ص٤٦.

(٣) ارجع إلى: الأصوات العربية، الدكتور كمال محمد بشر، مكتبة الشباب ص٦٥حتى٦٨.

وتتحكم نسبة تردد الوترين الصوتيين Frequency في طبقة الصوت Pitch ويقع التذبذب بفضل الامتطاط، فكلما امتط الوتران زاد التذبذب، فيعلو الصوت، ويترتب علي الذبذبات المختلفة اختلافا في طبقة الصوت، ويستطيع المتكلم التحكم في تغيير طبقة الصوت عن طريق ذبذبات الوترين وتوجد بالحنجرة عضلات أخري ليس بوسعنا ذكرها لكثرة تفاصيلها وقلة دورها في الوظائف الصوتية.

وتتحرك أجزاء الحنجرة من الداخل حركة جذب أو ضم وهي التي تقرب بين جزئين أو حركة طرد فتبعد بعض أجزائها، والعضلات هي التي تقوم بتحريك الأجزاء الداخلية ضما وطردا.

وتكون عضلات الحنجرة في عملية الزفير في وضع الراحة، أي تكون قاعدتا الغضروفين الهرميين متباعدتين،ويأخذ الوتران الصوتيان شكل زاوية يتصل ضلعاها بالنتوء الصوتي، ويكونان علي امتداد الضلعين الداخليين بقاعدة كل من الغضروفين الهرميين، وتكون فتحة الحنجرة في هذه الحالة علي شكل مثلث، قاعدته الجزء الخلفي من الغضروف الحلقي (نحو القفا)، فالعضلتان الهرميتان الحلقيتان تجذبان النتوء الصوتي في الغضروفين الهرميين فيبتعد أحد النتوءين عن الآخر، ويبلغ البعد بين النتوءين مداه، ويحدث هذا في عملية الشهيق.

وتجذب العضلتان الحلقيتان الهرميتان الجانبيتان النتوءين الصوتين من الأمام والخلف في عملية الهمس، وتثبت العضلتان الهرميتان الخلفيتان جزئي الغضروفين الهرميين المرتكزين علي مؤخرة الغضروف الحلقي بحيث يكون أحدهما بعيد عن الآخر، فتلتقي قمتا الغضروفين الهرميين، فينشأ فراغ الحنجرة الغضروفي علي شكل مثلث[1]. ويكون الجزء الغشائي من فراغ الحنجرة خطا مستقيما يصل رأس المثلث بالغضروف الدرقي، نظرا لانضمام الوترين الصوتيين انضماما تاما، ويتحقق عن هذا الوضع صوت الهمس.

وتتكون العضلة الهرمية من مجموعتين من الألياف، مجموعة عرضية، ومجموعة علي شكل مقص تربط كلا من الغضروفين إلي قاعدة الأخرى، وعندما تنقبض هذه المجموعة تجذب كلا من القمتين في اتجاه الأخرى، وتقاوم العضلتان الهرميتان الحلقيتين الخلفيتين هذا الجذب الذي وقع بين الغضروفين الهرميين إلي الأمام، فينشأ عن هذا توتر العضلتين

---

(١) أصوات اللغة ص ٥٨، وعلم الأصوات ص٤٦ ، ٤٧ .

الهرميتين الدقيقتين بجزئيهما، فينطبق الوتران الصوتيان، وتغلق فتحة الحنجرة تماما. فيحتبس الهواء داخل الحنجرة، ثم تفتح مرة واحدة، فيقع انفجار هوائي شديد يحدث رنينا فى تجويفى الحلق والفم ينتج عنه صوت مسموع، ويحدث هذا فى نطق صوت الهمزة " ء ".

رابعا - التجاويف الرنينية :

وهى التى يقع فيها رنين الأصوات، وهي الحلق، وتجويف الفم، والفراغ الأنفي. ولها دور رئيسي في الكلام فهي تعد حجرات رنين للأصوات التى تمر بها، ويضاف لها مرنانا رابعا ينشأ عن بسط الشفتين، وتدويرهما[1].

الحلق Pharynx: وهو الجزء الذي بين الحنجرة وأقصي الحنك، وهو وعبارة عن تجويف في الخلف من اللسان، والذي يحد به من الأمام، ويحد به من الخلف عظام العنق المغطاة باللحم، ويوجد لسان المزمار منطبقا علي جذر اللسان، وهو قطعة من اللحم، لا تتحرك ذاتيا، ولكن تتحرك بحركة اللسان، وتؤدي وظيفة صمام للقصبة، ويدخل في تركيب الحلق ما يعرف بالبلعوم الفموي والبلعوم الأنفي، فهذه المنطقة ممر مشترك بين ما يدخل من الأنف إلي القصبة الهوائية، وما يدخل من الفم إلي البلعوم (المريء) وهي ممر كذلك في حالة الإركاس (الرد والإعادة) إلى الفم والأنف، ومصطلح الحلق فى كتب القدماء يراد به المنطقة التى تعلو الحنجرة، وينسب إليه ستة أصوات: الهمزة - الهاء - العين - الحاء - الغين - الخاء، والحلق فى اصطلاح المحدثين تخرج منه العين والحاء فقط؛ لأنهم زادوا الحنجرة فى المخارج ولم تكن فى مخارج القدماء[2].

وظيفة حجرة الرنين الصوتية Resonance Chamber: حجرة الرنين التجويف الذي يتردد فيه صدي الصوت، فيخرج تاما مضبوطا ويحتوي الجهاز النطقي علي ثلاث حجرات رنين:

الحجرة الأولي- تجويف الحلق الذي يقع أعلي الحنجرة مباشرة في منطقة العنق،

---

(١) علم الأصوات. برتيل ص ٥٣.

(٢) ارجع إلى: العين للخليل بن أحمد تحقيق المخزومى والسامرائى، جـ٥٧/١ ، ٥٨، والكتاب لسيبويه، ط الهيئة العامة للكتاب جـ ٤٣١/٤ ، ٤٣٢.

والتجويف الحلقي أقل عملا في ضبط الصوت من حجرتي الفم والأنف.

الحجرة الثانية - تجويف الفم، وتبدأ بباطن الشفتين، وتنتهي عند الحلق.

الحجرة الثالثة - تجويف الأنف، والثانية والثالثة تقعان في منطقة الرأس، ويمكن الشعور بصدي الصوت فيهما بوضع باطن اليد أعلي الرأس خلال الكلام.

ويتم إنتاج الصوت أولا في المخرج الذى يحدث الهواء فيه احتكاكا، ثم يتم ضبطه في إحدى حجرات الرنين الثلاثة، ويتحقق الصوت باندفاع الهواء من القصبة الهوائية، وقد يهتز الوتران الصوتيان أثناء مرور الهواء، فيصبح الصوت مجهورا، وذلك نتيجة تذبذب الوترين ويسمي هذا التذبذب ترددا، وقد لا يهتز الوتران الصوتيان، ويسمى الصوت مهموسا، لعدم تذبذب الوترين، وقد تغلق الحنجرة ثم تفتح فجأة، فيسمي الصوت انفجاريا، أو تسمح بمرور الهواء، فيسمي الصوت رخوا، ثم يمر الصوت بتجويف الفم أو الأنف، فيتم ضبطه في حجرة الرنين التي تشارك الحنجرة في ضبط مستوي طبقة الصوت في الأصوات التي تشارك في ضبطها وإنتاجها، فحجرة الرنين هي التي تضبط مستوي طبقة الصوت، فصوت الميم يضبط في التجويف الأنفي، وتضبط النون أيضا في التجويف الأنفي، وصوت الباء يضبط في التجويف الفموي، وكذلك الجيم وبقية الأصوات الأسنانية واللثوية[١]. ويصل الكلام إلي المستمع في موجات صوتية تنتقل عبر وسيط (الهواء أو جهاز) إلي أذن المتلقي. وتنطق أصوات الكلام خلال عملية الزفير، وقليل جدا من أصوات بعض اللغات تنطق خلال عملية الشهيق، بيد أنها لاتعد لغة أو كلاما بل سلوكا تعبيريا[٢]. وتسمي الطريقة الأولي انفجارا خارجيا، وتسمي الثانية انفجارا داخليا، وعملية الانفجار الداخلي تحدث أصواتا

---

(١) ارجع إلي: علم اللغة للدكتور كمال بدوي ص ٣٠ ، ٣١.

(٢) لاحظت خلال حديثي مع صديق سنغالي مسلم يعرف العربية أنه يعبر عن سروره الشديد بإصدار صوت شهيق عال، فيشهق أي يجذب الهواء إلي صدره، فيتردد النفس في حلقه فيسمع، فراعني هذا وظننت أنه مصاب بأذي، لأني لم ألاحظ علامات السرور علي وجهه كانفراج الشفتين وظهور النواجز، ولم تظهر أسارير وجهه، وإنما كان يكرر الشهيق كلما زدته حديثا عما يعجبه، فتذكرت ما حدثني به أحد أساتذتي عما يعبر به بعض الأفارقة في حالة السرور، فذهب ما بي، ولهذا نظير فى سلوكياتنا فى الخطاب اليومى الذى نعبر فيه عن الذهول أو الدهشة بشفط الهواء أو الشهقة.

محدودة تصدر من منطقة الحلق، وسبب ذلك أن أعضاء النطق التي تقع في الفم لا تشارك في هذه العملية إلا بقدر ضئيل جدا؛ لأن الفم خلال إحداث هذه الأصوات يكون مفتوحا، ولهذا لا تشكل هذه الأصوات ألفاظا طويلة كالتي تصدر من عملية الزفير.

تجويف الحلقFaucium: يوجد في نهاية البلعوم الفموي وعند مؤخرة اللسان، ويتكون محيطه من العضلتين اللسانيتين الحنكيتين اللتين تبدأن من منتصف اللهاة، وتسيران في شكل قوسي يسمي بالقوس اللساني الحنكي حتى تصلا إلي جانبي اللسان. وتجويف الحلق يؤدي وظيفة أساسية، وهي ابتلاع الطعام، وتوصيله إلي البلعوم، وعدم السماح بعودته، وأما وظيفته الصوتية، فإن انقباض قوسيه يسبب ضيق فتحة البلعوم الفموي التي تصل بينه وبين الفم واتساع البلعوم الأنفي الذي يوجد فوق الحنك الرخو، ويحدث العكس في حالة انبساط القوسين حيث تتسع فتحة البلعوم الفموي، فيضيق البلعوم الأنفي، فحركة هذين القوسين تؤثر تأثيرا مباشرا في اتساع أو ضيق غرفة الرنين التي يمثلها البلعوم الفموي وغرفة الرنين التي يمثلها البلعوم الأنفي، فيتأثر إنتاج الأصوات، فإذا انقبض القوسان مثلا عند النطق بحركة نتج عن هذا اتساع البلعوم الأنفي، وحدوث الرنين فيه هو الذي يسبب صفة الأنفية في الحركة التي تعد الأنفية صفة عارضة لها[١] مثل الفتحة الطويلة في " نام ".

وتوجد بأصل جذر اللسان قطعة واحدة من العظم علي شكل حداء الفرس أو علي شكل حرف اللام في الكتابة العربية، ولهذا تسمي بالعظم اللامي[٢] أو الغلصمة، وتتصل بهذه القطعة عضلات تنقسم علي قسمين، قسم يتصل بهذه العظمة من جهتها العليا، وقسم يتصل بها من جهتها السفلي.

وتقوم العضلات العليا المتصلة بالعظم اللامي بجذب العظم اللامي إلي أعلي أو إلي الأمام أو إلي الخلف، فتجذب بالتالي جسم الحنجرة الذي يتصل بهذه العظمة، وتقوم العضلات السفلي بجذب العظم اللامي، والحنجرة إلي أسفل وإلي الخلف، وتعمل هذه العضلات كلها عند فتح الفكين فتحا متسعا، وتساعد من الناحية الصوتية في توسيع أو

---

(١) ارجع إلى: أصوات اللغة ص ٧١، وعلم الأصوات ص٥٠.

(٢) وتسمي هذه العظمة أيضا " عظمة اللسان " لأنها المنبت الذي يخرج منه بعض عضلات اللسان المهمة، أصوات اللغة ص ٦١ ، ٦٢ ، ٦٣.

تضييق فراغ البلعوم (التجويف الحلقي أو تجويف الحلق)، وتساعد كذلك في زيادة أو وقلة سمك جدار الحلق.

ويعد تجويف الحلق غرفة رنين الأصوات الصادرة من الحنجرة، ويؤثر كذلك شكل غرفة الرنين (تجويف الحلق) ومقدار سمك جدرانها في الأصوات التي تصدر من الحنجرة، فشكل الحجرة، وسمكها يؤثران في تحديد جهدها[1].

ويدخل جزء من البلعوم Pharynx في الأعضاء الصوتية، وهو الجزء العلوي منه الذي ينتهي عند فتحة لسان المزمار، والذي يسمي بالبلعوم الحنجري، ولسان المزمار يتصل بقاعدة اللسان، ولهذا فالجدار الأمامي من البلعوم يتغير بتغير وضع اللسان من الجهة العليا، هذا من الناحية العليا، أما من الناحية السفلي، فأسفل لسان المزمار مرتبط بالغضروف الدرقي، وهذا يعني أن محيط البلعوم في هذه النقطة ثابت لا يتغير، ولكن الجزء الأعلى من البلعوم الحنجري الذي ينتهي عند قمة لسان المزمار مختلف؛ لأن مؤخرة اللسان تدفع قمة لسان المزمار إلي الخلف، فيتسع محيط تجويف الحلق عند هذه النقطة.

كما يحدث عند النطق بالكلمة " صاد "، وتستطيع كذلك أن تجذب قمة لسان المزمار حتى تدخل في تقوس العظم اللامي، فيتسع فراغ البلعوم (الحلق) ويحدث هذا عند النطق بالكلمة المصرية " مين " [2] فالبلعوم الحنجري (الحلق) يتسع مسافة تتراوح بين ٥سم في أسفله، وبين ١,٢ سم إلي ٢,٥ في أعلاه. يوجد جزء آخر من البلعوم العلوي يسمي البلعوم الفموي طوله نحو ٤سم، وهو يبدأ من العظم اللامي، حتى مؤخرة سقف الحنك الرخو Velum أي فتحته العليا التي تنتهي إلي الفم، والجدار الأمامي للبلعوم الفموي هو مؤخرة اللسان، ولهذا فمحيطه من الأمام إلي الخلف يختلف اختلافا كبيرا نظرا لمرونة اللسان واستطاعته القيام بحركات متعددة ومتفاوتة تبعا للصوت الذي ينطقه، فاتساع هذا الجزء عند النطق بالحركة في كلمة " مين " المصرية، يبلغ أربعة أمثال ما يبلغه عند النطق بحركة الضمة الطويلة في نطق المصريين " طور ". والبلعوم الأنفي، وهو المنطقة الواقعة فوق سقف الحنك الرخو، وهو نسيج لحمي يستطيع بفضل مجموعة من العضلات أن ينزل إلي أسفل في اتجاه مؤخرة اللسان، وأن

(١) أصوات اللغة ص ٦٤.
(٢) "مين" في العامية المصرية تحريف "من" الاستفهامية.

يرتفع إلي أعلي ويتحرك إلي الخلف، ويتصل البلعوم الأنفي بفراغ الأنف (التجويف الأنفي) من طريق الخياشيم الخلفية، ويفصل بين البلعوم الأنفي والفم مؤخرة الحنك الرخو الذي ينقبض إلي الخلف حتى يلتقي بالحائط الخلفي للبعلوم، فيغلق الممر الذي يصل البلعوم الأنفي بالفم، وتنقطع بهذا صلة البلعوم الأنفي بالفم بارتفاع مؤخرة الحنك الرخو وانقباضه إلي الخلف. وإذا قفل الفم يتنفس الإنسان من الأنف، ويمر الهواء من البلعوم الأنفي إلي البلعوم الفموي، ثم البلعوم الحنجري ثم إلي القصبة الهوائية ثم إلي الرئتين، أما عند الكلام، فإن الحنك الرخو إما أن يقفل الممر الأنفي من البلعوم في إنتاج الصوت، وإما يترك الحنك الرخو هذا الجزء مفتوحا، ويتخذ البلعوم الأنفي أحد هذه الأوضاع الثلاثة[(١)] :

١- أن يسمح بخروج الهواء منه، فيصبح الأنف هو المخرج الوحيد للصوت دون الفم، كما يحدث في نطق الميم والنون.

٢- أن يظل مفتوحا أمام الهواء دون أن يساهم في إنتاج الصوت مساهمة تذكر.

٣- أن يظل مفتوحا، ويشترك مع تجويف الفم في إنتاج الصوت، ويحدث هذا عند النطق بصوت تشوبه صفة الأنفية مثل الفتحة الطويلة في " نام ". والبلعوم الأنفي الذي ذكرناه آنفا يختلف عن التجويف الأنفي.

تجويف الأنف Nasal Cavity: هو منطقة الفراغ التي تقع في الرأس فوق البلعوم الأنفي، وتفصلها عنه فتحتان بيضاويتان يفصل بينهما حاجز رأسي يشبه الفاصل الموجود بين فتحتي الأنف، وتسمي هاتان الفتحتان الخيشومين الخلفيين، ويصلان البلعوم الأنفي بالفراغات الأنفية، وتوجد علي جدران الفراغات الأنفية شعيرات دموية تحت الغشاء المخاطي، وتقوم هذه الفراغات بتدفئة الهواء قبل أن يدخل إلي البلعوم الأنفي، ثم البلعوم الفموي ثم الحنجرة في طريقه إلي الرئتين. ولهذه الغرفة الأنفية وظيفة صوتية فالفراغات تعد غرف رنين يتأثر مدي رنينها بحجمها وبطبيعة تكوين جدرانها، ولهذا تتأثر الميم والنون في النطق إذا كان المتكلم مزكوما.

---

(١) أصوات اللغة ص ٦٧.

تجويف الفم Mouth Cavity: هو فراغ يحصره من الأمام الشفتان، ومن الجانبين باطن اللحيين ومن الخلف فتحة الفم، ومن أعلي سقف الحنك بجزئيه، (الحنك الصلب، والحنك الرخو أو الطبق)، أما من أسفل، فيحصره الفك السفلي واللسان من فوقه، ويمثل هذا الفراغ الذي تحيط به هذه الأجزاء غرفة رنين تضيق أو تتسع تبعا لحركة هذه الأجزاء.

ويعد الفك الأسفل هو الجزء الوحيد المتحرك من بين عظام الوجه، وحركته تكون رأسية من أعلي إلي أسفل، وتتصل به مجموعة من العضلات تعد من أقوي عضلات الجسم، تمكنه من الحركة الرأسية والجانبية أو الأفقية أحيانا. وتؤدي حركات الفك الأسفل وظائف صوتية متعدد تبعا لحركتها، وهي[١]:

أ- الحركة الأمامية، وهي الحركة التي تصحب النطق بالأصوات الأسنانية اللثوية: ت، د، ز، س، ص، ض، ط، والأصوات التي تطلب تحريك الشفتين أو مدهما، أو التقاء طرف اللسان باللثة في بعض الأصوات (ل، ر، ن).

ب - الحركة الجانبية، وهي قليلة في الكلام.

جـ- الحركة السفلية أو الرأسية، وهى أكثر الحركات حدوثا فى عملية الكلام، وتظهر هذه الحركة عند النطق بالحركات، مثل الفتحة الطويلة في قال، وهي حركة أساسية في نطق الألف أكثر من بقية الأصوات، وتقع فى كل الأصوات. وأجزاء الفم التي تشارك في الكلام هي: اللسان، سقف الحنك، الأسنان وهى في الداخل، والشفتان من الخارج.

اللسان The Tongue: اللسان آلة الكلام في الفم، وأهم عضو في أعضاء النطق، وهو يحتوي علي مجموعة من العضلات التي تمكنه من الحركة في كل تجاه، وتمكنه من الامتداد والانكماش، وهذا النشاط الحركي الفريد يمكنه من نطق كثير من الأصوات، وقد أطلق اسم اللسان علي اللغة لدوره الكبير فيها، فالإنسان لا يستطيع الكلام دون حركة اللسان في الفم، ويتكون اللسان من الأجزاء الآتية[٢]:

١- القاعدة Base، وهي الجزء الخلفي الذي يكون الجدار الأمامي للبلعوم الفموي، وتساهم القاعدة فى نطق الأصوات الطبقية (غ، خ، ك) إضافة إلى ماتساهم به فى نطق

---

(١) أصوات اللغة ص ٨٠ ، ٨١ وعلم الأصوات ص٥٩.

(٢) أصوات اللغة ص ٧٢ وعلم الأصوات ص٥٩،٦٠.

الأصوات: ق، ع، ح، وذلك لمجاورتها الحلق واللهاة، وهى تقوم مع الطبق بغلق فتحة الفم.

٢- **الظهر** Dorsum، وهو سطح اللسان الممتد تحت اللهاة وسقف الحنك، وهو يشارك فى نطق الياء، والشين، والجيم.

٣- **الطرف** Ebald، وهو الجزء الرفيع الأمامي المتجه إلي ما خلف الأسنان العليا الأمامية، أو هو ما دق منه ورق، ويطلق عليه الذلق والأسلة ووجود عيب فيه يفسد نطق الراء خاصة، والأصوات الأسنانية (ت، د، ز، س، ص، ض، ط)والأصوات الأسنانية (ث، ذ، ظ).

٤- **الجانبان** Margins، ويمتدان من مؤخرة اللسان إلي مقدمته، ويساهم جانب اللسان فى نطق اللام والضاد.

٥- **الحاجز الأوسط** Medianseplum، وهو عبارة عن نسيج رقيق يقسم اللسان من أعلي إلي أسفل، ويمتد طوليا من مقدمة اللسان إلي مؤخرته تحت اللسان، وقد يسبب عيوبا في النطق، إذا أعاق حركة اللسان العلوية، في صوت اللام ينطق ياما، فللسان وظيفة رئيسية بيولوجية، وهي الذوق والبلع ونشر الريق في الفم، ثم تأتي وظيفته الكلامية التي تجعله أهم عضو في الجهاز النطقي.

سقف الحنك Palate: وينقسم علي جزئيين جزء صلب يسمي الغار، وجزء مرن متحرك، وهو الجزء الخلفي، وهو سقف الحنك الرخو واللهاة, ويقسم سقف الحنك من الأمام على: منطقة الأسنان، وتعني القواطع أو الثنايا، ومنطقة اللثة، وهي المنطقة اللحمية البارزة التي تلي الثنايا، ويمكن للشخص لمسها بطرف اللسان إذا حركه من منطقة الأسنان نحو الخلف إلي منطقة سقف الحنك الصلب[1]، وهذه المنطقة الجزء العظمي من سقف الحنك (الغار). أما منطقة سقف الحنك الرخو، وهي الجزء اللحمي الذي يلي المنطقة الصلبة، ومنطقة اللهاة، وهي نهاية هذا الجزء اللحمي فلا يبلغها اللسان، ولكن يمكن لمسها بالأصبع وتسمي الطبق، وهو جزء متحرك، ويشارك في العملية الصوتية.

---

(١) يسمي سقف الحنك الصلب الغار أيضا، ويسمي الجزء المرن منه الطبق.

وترجع أهمية سقف الحنك الصوتية إلي أنه الموضع الذي يرتكز فيه اللسان العضو المتحرك في نطق بعض الأصوات، كما يتعاون سقف الحنك الرخو معه في تضيق تجويف الفم أو وتوسيعه في نطق بعض الأصوات، ويقوم سقف الحنك الرخو واللهاة - وهما جزءان متحركان دون سواهما من بين أجزاء سقف الحنك - بالمشاركة في غلق الفم من الداخل أو تضييق فتحته الداخلية مما يكون ذا أثر في إنتاج عدد كبير من الأصوات[(١)].

الأسنان Tooth: الأسنان موضعها الفم مصفوفة في الفكين العلوي والسفلي موزعة على أربعة مجموعات هي[(٢)] :

١- **القواطع** Incisors،وهي ثماني أسنان عريضة حادة توجد أربع منها في مقدمة الفك العلوي، وأربع في مقدمة الفك السفلي، ومن هذه القواطع أربع تسمى ثنايا، ثنتان فوق وثنتان تحت فى مقدم الفكين، وتلى الثنايا أربع من كل جانب واحدة، وتسمى الرباعيات، وهى التى تسبق الأنياب.

٢- **الأنياب** Canines، وهي أربع أسنان حادة مدببة أطول من سابقتها (القواطع) اثنتان منهن بالفك العلوي واثنتان منهن بالفك السفلي، وتتوزع الأنياب بالتساوي على جانبي الفكين بعد القواطع مباشرة.

٣- **الأضراس الأمامية** Premolars، وهي ثماني أسنان عريضة، منها أربعة فى كل فك، اثنتان تلى كل ناب، والضرس التى تلى الناب مباشرة تسمى ضاحكة، ومنها أربع ضواحك فى الفم، وهى كل سن تبدو عند الضحك[(٣)].

٤- **الأضراس الخلفية**Molars، وهي اثنتا عشرة سنا عريضة وغليظة.

وبهذا يبلغ عددها اثنتين وثلاثين سنا، وتشارك بعض هذه الأسنان في أداء الأصوات ، وتوصف بعض الأصوات بأنها أسنانية ، وهي التي تشترك في نطقها الأسنان، مثل : الثاء ،

---

(١) أصوات اللغة ص ٨٥، والأصوات العربية ص٧٠.

(٢) أصوات اللغة ص ٨٣ .

(٣) وتطلق النواجذ على أقصى الأضراس، وهى أربعة، وقيل هى الضرس الذى يلى الناب أو هى الأضراس كلها.

والذال ، والظاء ، وتوجد أصوات أخرى تتعاون الأسنان في نطقها مع اللسان، فتكون مركز ارتكاز له.

الشفتان **Lips: الشفتان عبارة عن صحيفتين عريضتين مكونتين من خيوط عضلية صادرة عن عضلات الوجه المختلفة، ومتحدة جميعا في شكل إطار يحيط بفتحة الفم، ويسمي بعضلة إطار الفم، وهذه العضلة إذا انقبضت سببت استدارة الشفتين، وبروزهما إلى الأمام[1].**

ولحركات الشفتين أهمية كبري في نطق الأصوات، وخاصة الحركات، وأهم الأصوات التى تشارك فيها الشفتان: الباء و الميم والواو، والشفتان الجزء الخارجي من الفم ، فهما بوابة الفم الرئيسية.

** ** ** **

(١) أصوات اللغة ص ٨٣، وعلم الأصوات ص٦١، والأصوات العربية ص٧١.

الأصوات

(نشأة البحث الصوتي)

مجال دراسة علم الأصوات العام Phonetics الصوت المفرد Phone، وهو أي صوت لغوي مفرد بسيط يمكن تسجيله بالآلات الحساسة في المعمل، والصوت المفرد يمثل الوحدة الأساسية أو المادة الخام التي يدرسها علم الأصوات العام[1]. فالأصوات اللبن التي تبنى منها ألفاظ اللغة، ويؤثر اختلاف الصوت في تغيير دلالة الكلمة، ولا يستغنى عنه بغيره لكونه وحدة أساسية فيها.

وإنتاج الصوت يمر بمراحل أولها مرحلة النشأة التي تبدأ باندفاع الهواء من الرئتين عبر الحنجرة، فيحدث اهتزازا في الوترين الصوتيين، فيصدر عنها صوت، يتعرض أثناء خروجه مع الهواء لبعض المؤثرات التي تحدث تغيرا فيه، وهو التقطيع والتنويع عن طريق الاصطدام المباشر بأجزاء من تجاويف الحلق والفم والأنف، ويقع هذا عن فعل إرادي يتدرب الإنسان عليه في طفولته. ثم تبدأ مرحلة أخري، وهي انتقال الكلام أو الصوت إلى المستمع، وهي المرحلة الثانية، وتبدأ المرحلة الثالثة بتلقي الأذن الأصوات.

وقد درس العلماء مرحلة إنتاج أصوات الكلام The production of vocal sounds، وبينوا نشأة الصوت أو إنتاجه، فرأوا أن أصوات الكلام تعتمد في إصدارها على العوامل الآتية :

١- مصدر طاقة Source of energy.

٢- جسم يتذبذب Vibrating body.

٣- حجرة الرنين (جسم مرنان مصوت) Resonator.

فمصدر الطاقة الرئتان ينطلق منهما الهواء فيصطدم بمخرج الصوت، وقد يتذبذب الوتران الصوتيان فيجهر الصوت، وقد لا يتذبذبان فيهمس، ويتم تقسيمه وتنويعه وتحديده في تجاويف الحلق، والفم والأنف.

ولقد تصدي علماء العربية لدراسة الأصوات في مرحلة مبكرة من نشأة البحث اللغوي،

---

(١) أسس علم اللغة ص٤٧.

وتوصلوا إلى أن مفردات اللغة تتألف من أصوات متقطعة، وقد وصفوا الصوت بأنه مادة من الذبذبات أو الرنين تتعرض للتقطيع والتنويع من بدء صدورها من مخرجها إلى أن تخرج من الجهاز النطقي، وهي موزعة على طول الجهاز النطقي.

قال الجاحظ: " والصوت هو آلة اللفظ، وهو الجوهر الذي يقوم به التقطيع، وبه يوجد التأليف، ولن تكون حركات اللسان لفظا، ولا كلاما موزونا ولا منثورا، إلا بظهور الصوت، ولا تكون كلاما إلا بالتقطيع والتأليف " [١].

وتنقسم الأصوات على نوعين صوامتConsonants، وصوائت Vowels والصوت الصامت الذي يحدث بسبب اعتراض في مجرى الهواء، أو هو الصوت الذي يتصدى له جزء من الجهاز الصوتي، فيكون مخرجا له.

وهو الذي قال فيه أبو الفتح عثمان بن جني (ت ٣٩٢ هـ) : " اعلم أن الصوت عرض يخرج مع النفس مستطيلا متصلا حتى يعرض له في الحلق والفم والشفتين مقاطع تثنية عن امتداده واستطالته، فيسمي المقطع أينما عرض له حرفا " [٢]. والحرف يعني الصوت.

والصوت الصائت الذي يحدث بسبب امتداد الصوت واستمراره دون أن تعترضه أعضاء النطق، ويحدث أثناء نطقه ذبذبات صوتية ولولا هذه الذبذبات لكان صوت نفس الزفير، فهو صوت مجهور. وقال ابن جني فيه: "... فإن اتسع مخرج الحرف حتى لا يتقطع الصوت عن امتداده واستطالته، استمر الصوت ممتدا حتى ينفذ " [٣]، ثم ذكرهذه الصوائت: " والحروف التي اتسعت مخارجها ثلاثة: الألف، ثم الياء، ثم الواو " [٤].

لقد استطاع العالم الفذ ابن جني أن يضع تصورا دقيقا لما يحدث للصوت اللغوي من مرحلة النشأة حتى تكتمل صفاته قبل أن يخرج من الفم، فقال: " شبه بعضهم الحلق والفم بالناي، فإن الصوت يخرج فيه مستطيلا أملس ساذجا، كما يجري الصوت في الألف غفلا بغير

---

(١) البيان والتبيين، الجاحظ، المكتبة العصرية ط٢ جـ٥٨/١. وقد استخدم علماء العربية لفظ الحرف للدلالة على الصوت، ويراد به حد الصوت.
(٢) سر صناعة الإعراب، أبو الفتح عثمان بن جني، تحقيق حسن هنداوي، طـ ١ / ١٤٠٥ هـ ١٩٨٥ م، دار العلم، دمشق جـ ٦/١.
(٣) نفسه جـ٧/١.
(٤) نفسه جـ٨/١.

صنعة، فإذا وضع الزامر أنامله علي خروق الناي المنسوقة، وراوح بين أنامله اختلفت الأصوات، وسمع لكل حرف منها صوت لا يشبه صاحبه، فكذلك إذا قطع الصوت في الحلق والفم، باعتماد علي جهات مختلفة، كان سبب استماعنا هذه الأصوات المختلفة.

ونظير ذلك أيضا وتر العود، فإن الضارب إذا ضربه وهو مرسل، سمعت له صوتا، فإن حصر آخر الوتر ببعض أصابع يسراه، أدي صوتا آخر، فإن أدناها قليلا سمعت غير الاثنين، ثم كذلك كلما أدني إصبعه من أول الوتر، فتشكلت لك أصداء مختلفة. الوتر في هذا التمثيل كالحلق، والخفقة عليه بالمضراب، كأول الصوت من أقصي الحلق، وجريان الصوت فيه غفلا غير محصور كجريان الصوت في الألف الساكنة، وما يعترضه من الضغط والحصر بالأصابع ، كالذي يعرض للصوت في مخارج الحروف من المقاطع، واختلاف الأصوات هناك كاختلافها هنا، وإنما أردنا بهذا التمثيل الإصابة والتقريب " [1].

وقد أشار ابن جني (ت ٣٩٢) إلي أن علماء العربية سبقوه في وضع هذا التصور لتكوين الصوت في الجهاز الصوتي، وهذا التصور لا يختلف كثيرا عما توصل إليه العلماء المعاصرون، ولم ينقص العرب في هذا إلا الإمكانات الحديثة التي مكنت علماءنا المعاصرين من مشاهدة الأجزاء الداخلية من خلال الأجهزة أثناء أداء الصوت، فتحققوا من خروج الصوت والحركة العضوية التي تصاحبه ومخرجه، وهذا ما عجز عنه علماء العرب الذين لم تتوفر لهم الإمكانات الحديثة، ولم يتوفر لهم علم التشريح، ولكنهم وصفوا الأصوات التي تخرج من الأعضاء المشاهدة بالعين وصفا دقيقا وحددوا مخارجها، ولم تختلف نتائجهم عما توصل إليه المحدثون فيها، وقد استطاعوا أن يتعرفوا على مخارج الأصوات الداخلية، فحددوا مخرج الهمزة والهاء والعين والحاء والغين والخاء،وأطلقوا عليهم الأصوات الحلقية والحلق عندهم يبدأ من الحنجرة حتى الطبق، وقسموه ثلاثة مناطق، أقصى الحلق، وأوسطه وأدناه، وقسموا الأصوات عليه، فأقصاه مخرج الهمزة والهاء ويراد به ما جاور الحنجرة مباشرة، وأوسطه مخرج العين والحاء وهو الحلق عند المحدثين، وأدناه (الطبق) مخرج الغين والخاء، وهو عند مدخل الفم الداخل[2].

---

(١) سر صناعة الإعراب جـ ٩/١.

(٢) الكتاب لسيبويه، طبعة الهيئة العامة للكتاب جـ٤ / ٣٣١.

وقد اهتم العرب بدراسة الأصوات وتحديد وضعها أوصافها ومخارجها في صدر الإسلام، وقد أغراهم بهذه الدراسة القرآن الكريم، بما يتمتع به من نظام فريد متقن في فن الأداء الصوتي عرف بعلم القراءات، وهو علم بكيفية أداء كلمات القرآن واختلافها معزوا لناقله[١].

وظلت هذه الدراسات الصوتية تعتورها الأجيال حتى كلل الخليل بن أحمد (ت ١٧٥ هـ) جهودهم، وبذل قصار جهده في الدراسات الصوتية، ولم يأل جهدا في هذا، ووصل إلي نتائج غير مسبوقة، ومن أهم ما توصل إليه وضع ترتيب جديد للأصوات العربية يقوم علي مخارجها، وخالف به ترتيب[٢] أبجد، هوز، حطي، كلمن، سعفص، كرشت، ثخذ، ضظغ. واستطاع كذلك أن يتوصل إلي الأوزان الشعرية التي نظم عليها العرب شعرهم، فعرف منها خمسة عشر بحرا عروضيا، واكتشف الأخفش البحر السادس عشر " الخبب " والذي يعنينا هو التصور العلمي الذي وضعه الخليل لمخارج أصوات العربية، ورتب عليها معجمه الرائد " العين " فقد رأي الخليل أن ترتيب حروف الهجاء العربية صوتيا من الداخل إلى الخارج علي النحو الآتى[٣] :

ع ح هـ خ غ ، ق ك ، ج ش ض ، ص س ز ، ط د ت ، ظ ذ ث ، ر ل ن ، ف ب م ، و ا ى ء ، وهى عند الخليل تسعة وعشرون حرفا، فقد عد الهمزة حرفا والألف حرفا.

وقسم الأصوات حسب مخارجها على أقسام، فبدأ بأصوات الحلق، ثم أصوات الفم، ثم أصوات أوسط الفم، ثم أصوات أدني الفم، ثم أصوات الشفتين. وقد ذكر الليث بن المظفر تلميذ الخليل الطريقة التي تعرف بها الخليل علي مخارج الأصوات، أنها كانت تقوم علي تذوق الأصوات أو اختبارها وبعرضها علي أعضاء النطق، فقال: " وإنما كان ذواقه إياها، أنه كان يفتح فاه بالألف، ثم يظهر الحرف، نحو: أب ، أت ، أح ، أع ، أغ ، فوجد العين أدخل الحروف في الحلق، فجعلها أول الكتاب (أي كتاب العين) " [٤].

وتعد هذه الطريقة التي اختبر بها الخليل الأصوات ليعرف مخارجها، أول محاولة علمية حققت نجاحا عظيما في البحوث الصوتية، وفتحت الطريق أمام العلماء في الدراسات

---

(١) ارجع إلي:القراءات القرآنية تاريخ وتعريف للدكتور عبد الهادي الفضلي،دار العلم، بيروت،ج١٩٨٠م ص٥٥

(٢) ترتيب أبجد هوز ترتيب قديم نقله العرب عن غيرهم من الساميين الذين ابتكروه.

(٣) ارجع إلي: مقدمة معجم العين التي وضعها الخليل لكتابه، جـ ٤٨/١ طبعة دار الرشيد.

(٤) العين، تحقيق مهدي المخزومي، والدكتور إبراهيم السمرائي، دار الرشيد، العراق ١٩٨٢م. وكتب الدكتور عبد الـلـه درويش كتابا فيه، فعرض منهجه وناقش بعض قضاياه.

الصوتية، فصوبوا رأي الخليل في بعض النتائج، واختلفوا معه في بعض النتائج التي توصل إليها، والقدماء معذورون كذلك فيما عجزوا عن التحقق منه من مخارج الأصوات ووصف أعضاء النطق الداخلية التي لا تراها العين، فلم تتح الدراسة العلمية الدقيقة لعلماء الأصوات إلا بواسطة الأجهزة الحديثة التي يسرت رؤية الأجزاء الداخلية أثناء النطق. وقام علماء التشريح بوضع وصف دقيق لمكونات أعضاء النطق الداخلية، وبينوا وظائفها، وهذه الإمكانات الحديثة لم تتح للعلماء السابقين فاختلفوا، ولكنهم لم يألوا جهدا في البحث عن الحقيقة، ولم يستحوا من ذكرها،فقد قام سيبويه تلميذ الخليل بن أحمد بدراسة الأصوات وتوسع فيها في كتابه الرائد في علم النحو " الكتاب " والذي عرف بـ " كتاب سيبويه " [١]، واختلف سيبويه مع أستاذه الخليل في مخارج " الحروف " (الأصوات) وتوسع في دراستها.

قال: " هذا باب عدد الحروف العربية، ومخارجها، ومهموسها ومجهورها، وأحوال مجهورها ومهموسها، واختلافها فأصل حروف العربية تسعة وعشرون حرفا: الهمزة، والألف، والهاء، والعين، والحاء، والغين، والخاء، والكاف، والقاف، والضاد، والجيم، والشين، والياء، واللام، والراء، والنون، والطاء، والدال، والتاء، والصاد، والزاى، والسين، والظاء، والذال، والثاء، والفاء، والباء، والميم ، والواو " [٢].

وأضاف إليها أصواتا أخري عدها فروعا وأصلها من التسعة والعشرين، ومنها النون الخفية والألف الممالة والشين التي كالجيم في مثل كلمة جيهان والصاد التي تشبه الزاى في مثل كلمة الزراط من السراط، وغير هذا من الأصوات[٣]. لقد بلغت شهرة كتاب سيبويه الآفاق، وأصبح الكتاب وصاحبه إمامين في هذا العلم، وقد تأثر العلماء بآراء سيبويه، وسلموا بكثير من موضوعاته وآرائه، وساروا علي الترتيب الصوتي الذي وضعه سيبويه: ء ا هـ ع غ خ ، ق ك ، ج ش ى ض ، ل ر ن ، ط د ت ، ص ز س ، ظ ذ ث ، ف ب م و.

ونلاحظ كذلك أن المصطلحات الصوتية التي استخدمها سيبويه في وصف الأصوات مازالت مستخدمة مثل: مخارج الأصوات، المهموس، والمجهور، ومصطلح الحروف في هذا

(١) كتاب سيبويه، أبو بشر عمرو بن عثمان بن قنبر، تحقيق عبد السلام هارون مكتبة الخانجي، ودار الرفاعي.
(٢) كتاب سيبويه جـ ٤٣١/٤.
(٣) ارجع إلي: الكتاب جـ ٤٣٢/٤.

الباب يعني الأصوات؛ لأن الحرف حد الصوت، فأطلق عليه، وقد تعرضت بعض آراء سيبويه الصوتية للنقد من قبل علماء اللغة المحدثين الذين خالفوه في تحديد مخارج الأصوات بعد أن بين العلم الحديث ما لم يستطع أن يعرفه القدماء من الأعضاء الداخلية في جهاز النطق بواسطة الأجهزة الحديثة، وقد تناول المبرد الأصوات في كتابه المقتضب ولكنه جعل الهمزة والألف حرفا واحدا وقد رد ابن جنى عليه ذلك[1]، ويبقي للخليل وسيبويه وعلماء النحو والقراءات الريادة في الدراسات الصوتية التي ظهر بوادرها عند علماء الغرب في الربع الأول من القرن التاسع عشر حيث اكتشف علماء الغرب وجود علاقة بين اللغات الأوربية واللغة السنسكريتية الهندية القديمة، فأصبحت الحاجة ملحة لوجود دراسات صوتية ليقارنوا بها بين اللغات.

وظلت الدراسات الصوتية عند العرب تدرس كفرع من علم النحو والصرف، وعلم القراءات، كما تناولها علماء الموسيقى ضمن حديثهم عن الألحان والنغمات والمقاطع والأوتار والرنين، ودرسها علماء العرب حديثا كعلم مستقل عن النحو والصرف والموسيقى يعرف بعلم الأصوات، ورائد البحث الحديث فيه الدكتور إبراهيم أنيس رحمه اللـه، الذي ترك كتابا فريدا ورائدا في هذا المجال، ويعد مرجعا أساسا لكل من خاض غمار البحث الصوتي (وهو كتاب الأصوات اللغوية)[2]، وقد كان هذا الكتاب مسبوقا ببعض دراسات المستشرقين الذين درسوا في الجامعة المصرية وبعض المعاهد وهم الذين فتحوا الباب أمام الدراسات العربية التي حققت نتائج محمودة في هذا المجال[3].

** ** ** **

---

(١) المقتضب للمبرد، تحقيق عبد الخالق عضيمة، المجلس الأعلى للشئون الإسلامية، القاهرة ١٤١٥هـ ١٩٩٤م، جـ ٣٢٦/١ ، ٣٢٨، وسر صناعة الإعراب، ابن جنى، المكتبة التوفيقية، مصر جـ ٤٩/١.
(٢) كتاب الأصوات اللغوية صدر في عام ١٩٤٧، وصدرت آخر طبعاته عن مكتبة الأنجلو المصرية ١٩٩٠م.
(٣) ارجع إلى: المدخل إلى علم اللغة ص ١٩ ، ٢٠، وقد أحصى مؤلفه الدكتور رمضان المؤلفات العربية الحديثة في الأصوات.

مخارج الأصوات

مخارج الأصوات Place of Articulation في الجهاز النطقي عند علماء الأصوات المحدثين عشرة مخارج علي أرجح الأقوال، وهي مرتبة :

١- الشفة، (وعند بعض العلماء الشفتان)، ويسمي الصوت الخارج منها شفويا أو شفتانيا Bilabial[1]، وهي : ب ، و ، م.

٢- الشفة مع الأسنان، ويسمي الصوت الخارج منها شفويا أسنانيا labiodentel وهو صوت الفاء فقط .

٣- الأسنان، ويسمي الصوت الخارج منها أسنانيا Dental، وهذه الأصوات هي : ذ، ظ ، ث .

٤- الأسنان مع اللثة، ويسمي الصوت الخارج منهما أسنانيا لثويا Dental – Alveolar، وهي: ت ، د ، ض ، ط ، ز ، س ، ص.

٥- اللثة، ويسمي الصوت الخارج منه لثويا Alveolar وهي: ل ، ر ، ن.

٦- الغار ويسمي الصوت الخارج منها غاريا Palatal، والأصوات الغارية هي: ش ، ج ، ى .

٧- الطبق، ويسمي الصوت الخارج منه طبقيا، Velarوهي: ك ، غ ، خ.

٨- اللهاة، ويسمي الصوت الخارج منه لهوى Uvular، ويوجد منه في العربية صوت واحد، وهو القاف " ق ".

٩- الحلق، ويسمي الصوت الخارج منه حلقيا Pharyngal، ومنه صوتان هما : ع ح .

١٠- الحنجرة، ويسمي الصوت الخارج منها حنجريا Glottal، ومنه في العربية : الهمزة ، والهاء .

---

(١) شفتاني من وضع الدكتور أحمد مختار ،وأراه يناسب وصف الأصوات التي تخرج من الشفتين معا مثل الواو ، الميم ، الباء ، خلافا لصوت الفاء الذي تشترك فيه الشفة السفلي فقط مع الثنايا العليا .

ومخارج الأصوات عند القدماء تختلف عما عليه المحدثون، فقد رأى الخليل بن أحمد أن مخارج الأصوات ثمانية، وهي[1] :

١- **الحلق:** " فالعين والحاء والهاء والخاء والغين حلقية؛ لأن مبدأها من الحلق "، وزاد " الهمزة " فقال من أقصى الحلق.

٢- **اللهاة :** " والقاف والكاف لهويتان؛ لأن مبدأهما من اللهاة ".

٣- **شجر الفم:** يريد به مبدأ اتساعه من الداخل " والجيم والشين والضاد شجرية؛ لأن مبدأها من شجر الفم، أي مفرج الفم ".

٤- **أسلة الأسنان أو طرفه المستدق:** " والصاد والسين والزاى أسلية، لأن مبدأهما من أسلة اللسان، وهي مستدق طرف اللسان ".

٥- **نطع الغار الأعلي:** ظهر الغار الأعلى " والطاء والتاء والدال نطعية، لأن مبدأها من نطع الغار الأعلى ".

٦- **اللثة:** " والظاء والذال والثاء لثوية؛ لأن مبدأها من اللثة ".

٧- **ذلق اللسان:** يريد جانبيه من الأسنان " والراء واللام والنون ذلقية، لأن مبدأها من ذلق اللسان، وهو تحديد طرفيه كذلق السنان ".

٨- **الشفة:** " والفاء والباء والميم شفوية "، وقال مرة: " شفهية؛ لأن مبدأها من الشفة ".

- **أصوات لا مخرج لها وسماها هوائية:** " والياء والواو والألف والهمزة هوائية في حيز واحد؛ لأنها هاوية في الهواء لا يتعلق بها شيء "[2]، وجعل الهمزة معها، وقد روى عنه الليث فى موضع آخر أنها من أقصى الحلق، ولكنه يريد هنا الهمزة المخففة التى تقلب ياء وواوا وألفا وهى غير المحققة فى " أحمد " و " كأس ".

وهذا التقسيم من ابتكار الخليل بن أحمد رحمه الله، وقد ذكر تلميذه الليث بن المظفر كيف توصل إليه الخليل، فلم يكن الخليل مسبوقا فيه، وقد ذهب سيبويه تلميذ الخليل النابغة مذهبا خالف فيه أستاذه فى بعض الآراء، فقد رتب الأصوات خلاف ما رتب عليه أستاذه

---

(١) العين جـ ٦٥/١.

(٢) العين جـ٦٥/١.

الأصوات، كما خالفه في المخارج، فرأي أن المخارج ستة عشر مخرجا.

قال سيبويه: " والحروف العربية ستة عشر مخرجا[1]: فللحلق منها ثلاثة: فأقصاها مخرجا: الهمزة والهاء والألف، ومن أوسط الحلق مخرج العين والحاء، وأدناها مخرجا من الفم: الغين والخاء. ومن أقصى اللسان وما فوقه من الحنك الأعلى مخرج الكاف، ومن أسفل من موضع القاف من اللسان قليلا، ومما يليه ومن وسط اللسان بينه وبين وسط الحنك الأعلى مخرج الجيم والشين والياء. ومن بين أول حافة اللسان وما يليها من الأضراس مخرج الضاد، ومن حافة اللسان من أدناها إلى منتهى طرف اللسان ما بينها وبين ما يليها من الحنك الأعلى وما فويق الثنايا مخرج النون، ومن مخرج النون غير أنه أدخل في ظهر اللسان قليلا لانحرافه إلى اللام مخرج الراء. ومما بين طرف اللسان وأصل الثنايا مخرج الطاء والدال والتاء. ومما بين طرف اللسان، وفويق الثنايا مخرج الزاى، والسين، ومن باطن الشفة السفلي وأطراف الثنايا العليا مخرج الفاء. ومن الخياشيم مخرج النون الخفيفة ".

وقد فرق سيبويه بين الهمزة والألف.

واستطاع سيبويه أن يصف الأصوات الحلقية وصفا دقيقا، فلم يخلط بينهما بل قسم منطقة الحلق عند القدماء تقسيما دقيقا يماثل آراء المحدثين، فخص الهمزة والألف والهاء بأقصى الحلق، وهو منطقة الحنجرة عند المحدثين، وخص العين والحاء بأوسط الحلق، وهو المنطقة الحلقية عند المحدثين، وخص الغين والخاء بأدنى الحلق، وهو منطقة الطبق عند المحدثين، وقد توصل إلى ذلك دون آلية حديثة.

وهذا يؤكد أن الخليل فرق بينهما، وأنه لا يريد بالهمزة الهوائية من الجوف الهمزة المحققة بل المخففة التى تقلب ياء وواوا وألفا، فقد روى عنه الليث أنه قال: الهمزة من أقصى الحلق، ووصفها بالوضوح فى السمع والشدة.

والطريف في هذا أن بعض علماء العربية القدماء ذهبوا إلى ما ذهب إليه سيبويه، وسلموا بالعدد الذي أحصاه لمخارج الأصوات وعددها، ولكن ذهب الحافظ محمد بن محمد بن على المعروف بابن الجزري مقرئ الممالك الإسلامية إلى أن مخارج الأصوات سبعة عشر في المقدمة التي وضعها في التجويد[2]، فقد جعل لألف الجوف وأختيها الواو والياء الساكنتين مخرجا

---

(١) كتاب سيبويه جـ ٤٣٣/٤

(٢) الدقائق المحكمة في شرح المقدمة، شرح المقدمة الجزرية في التجويد، تأليف الشيخ زين الدين أبي يحيي زكريا الأنصاري الشافعي (ت٩٢٦ هـ)، دار الجفان ط١٤١٦/٢ هـ ١٩٩٦م، ص٣٠، وتوفى ابن الجزري (٨٣٣هـ) .

مستقلا خلافا لسيبويه الذى جعله من أدنى الحلق مع الهمزة والهاء فى مخارجه الستة عشر، فجعل المخارج سبعة عشر، قال ابن الجزري في مخارج الحروف:

مخارج الحروف سبعة عشر ... على الذي يختاره من اختبر
فألف الجوف وأختاها وهي ... حروف مد للهواء تنتهي
ثم لأقصى الحلق همز هاء ... ثم لوسطه فعين حاء
أدناه غين خاؤها والقاف ... أقصى اللسان فوق ثم الكاف
أسفل والوسط فجيم الشين الأضراس ... والضاد من حافته إذوليا
من أيسر أويمناها ... واللام أدناها لمنتهاها
والنون من طرفه تحت اجعلوا ... والرا يدانيه لظهر أدخل
والطاء والدال وتامنه ومن ... عليا الثنايا والصفير مستكن
منه ومن فوق الثنايا السفلى ... والظاء والذال وثا للعليا
من طرفيهما ومن بطن الشفة ... فالفاء مع أطراف الثنايا المشرفة
للشفتين الواو باء ميم ... وغنة مخرجها الخيشوم [1]

فمخارج الأصوات عند ابن الجزري سبعة عشر وعند الخليل ثمانية، وسته عشر عند سيبويه الذي أسقط مخرج أصوات الجوف (ا ، و ، ى)، وقد ابتدأ به ابن الجزري، فجعل للأصوات الجوفية (ا ، و ، ى) الساكنة مخرجا مستقلا.

وقد رأي الفراء أنها أربعة عشر، وأسقط مخرج الألف والياء والواو الساكنتين، وجعل مخرج النون واللام والراء واحدا، وقد اختلف القدماء فى المخارج الداخلية فقط التى تصعب رؤيتها أو ملاحظتها جيدا دون آلة تعينهم على رؤيتها خلال النطق، بيد أنهم توصلوا إلى مخارج الأصوات القريبة واستطاعوا وصفها من ناحية الجهر والهمس، وتعرفوا كذلك على الأصوات المفخمة وأصوات الاستعلاء وأصوات الاستفال التى لا ترتفع فيها

(١) الدقائق المحكمة ص ٣٥، وهى عند الفراء أربعة عشر.

مؤخرة اللسان نحو الطبق، ووقع الخلاف فى صوت الهمزة أكثر من غيره لما يقع فيه من قلب أو إعلال مع حروف العلة، وقد رأى الخليل أن الهمزة صوت مستقل يقلب ياء وواوا وألفا، وتابعه سيبويه ففرق بينهما، ورأى أن الهمزة غير الألف، تقلب أيضا من الواو فى سؤر: سؤر ومن الياء فى ذئب: ذيب.

وأبو العباس المبرد (٢١٠ – ٢٨٥) ممن تأثروا بسيبويه وأخذوا عنه، ولكنه خالفه فى بعض الآراء، فقد رأى أن أصوات العربية ثمانية وعشرون، فقد جعل الهمزة والألف صوتا واحدا، فالألف هاوية فى أقصى الحلق وليس للهمزة صورة واحدة، والعدد الذى ذكره له صور ثابتة[1]، وقد رد عليه العالم الفذ أبو الفتح عثمان بن جنى (ت ٣٩٢) فأكد أن حروف العربية عند الكافة تسعة وعشرون حرفا، إلا أبا العباس المبرد، " فإنه كان يعدها ثمانية وعشرين حرفا ويجعل أولها الباء، ويدع الألف من أولها، ويقول: هى همزة لا تثبت على صورة واحدة، وليست لها صورة مستقرة، فلا أعتدها مع الحروف التى أشكالها محفوظة معروفة "[2]، وقد رد عليه ابن جنى وأثبت أن الهمزة حرف والألف حرف ولكل منهما صفة تميزه، وأن القلب وقع فى حروف العربية مثلما وقع فى الهمزة والألف، ويعد ابن جنى أحد أعلام العربية، فقد توصل إلى نتائج علمية سبق إليها وأثبتتها الدراسات الحديثة، ويعد إسهامه العلمى متمما لجهود من سبقوه.

وتعد هذه الدراسات رائدة الدراسات الصوتية، فقد سبق علماء العرب علماء الغرب فيها.

** ** ** **

---

(١) المقتضب للمبرد جـ ٣٢٨/١.

(٢) سر صناعة الإعراب، ابن جنى، ط التوفيقية جـ ٤٩/١ ، ٥٠.

الأصوات ونطقها عند المحدثين

وقسم علماء الأصوات المحدثين مخارج الأصوات على تقسيمات أخرى تختلف في بعض جوانبها عما كان عليه القدماء، والاختلاف بينهم وارد في ظل الإمكانات العلمية الحديثة التي كشفت أسرار أعضاء النطق الداخلية، وهي عند علماء العصر الحديث لا تتجاوز عشرة مخارج سبق ذكرها، كما تمكنوا من وضع وصف دقيق للأصوات واستعانوا في وصفها بالأجهزة الحديثة، فتحققوا من المخارج وصفات الأصوات، وهي كالآتي[1]:

١- الأصوات الشفوية أو الشفتانية

وهي في العربية: الباء، والميم، والواو.

(فالباء) صوت شديد مجهور مرقق ينطق بضم الشفتين ورفع الطبق، ليغلق ما بين الحلق والوترين الصوتيين، فإذا بقيت كل الأوضاع المذكورة كما هي - فيما عدا الوترين الصوتيين اللذين لا يهتزان - نتج صوت آخر مهموس غير موجود في العربية، وهو صوت " P " الذي يعد نظيرا له في الإنجليزية.

(والميم) صوت شفوى مجهور، تنطبق الشفتان في نطقه تماما فيحبس الهواء في الفم، ويخفض الطبق، فيسمح للهواء بالخروج من فتحة الأنف، ويتذبذب الوترين الصوتيين، ويظل اللسان ساكنا في وضعه وتلتصق حافتاه بسقف الحنك الصلب، ويقع رنين الميم فى تجويف الأنف.

(والواو) ويستخدم رمزها الكتابي للدلالة على صوت صامت في مثل " ولد "، وصوت صائت ساكن في مثل شكور، وهو حركة الضم الطويلة، والصوت الصامت مجهور، وبينه وبين الصائت (الضمة الخالصة) فرق بسيط جدا[2]. فصوت الواو الصامت يرتفع فيه أقصى اللسان نحو سقف الحنك ارتفاعا عاليا بحيث يسمح للهواء الخارج بالاحتكاك، وإحداث نوع من الحفيف، أما صوت الواو الصائت (الضمة الخالصة أو الطويلة) يخرج بارتفاع أقصى اللسان نحو السقف بدرجة أقل من التي كان عليها في الواو الصامتة، فلا يحدث احتكاك بل يمر الهواء دون احتكاك مع حدوث ذبذبه الوترين الصوتيين، ويرجع ذلك إلى إشباع المد في

---

(١) ارجع إلى: دراسة الصوت اللغوي ص ١١٤.

(٢) ارجع إلى: المدخل إلى علم اللغة ص ٤٣.

الصائت بينما الصامت ليس فيه إشباع للحركة، والصائت ساكن، والصامت يكون متحركا وساكنا مثل: فوائد الواو مفتوحة، وشكور الواو ساكنة.

٢- الأصوات الشفوية الأسنانية

وهي الأصوات التي تشترك فيها الثنيتان العلييان مع الشفة السفلي، ولا يمثلها في العربية إلا صوت (الفاء)، والفاء صوت رخو مهموس مرقق، ينطق بأن تتصل الشفة السفلي بالأسنان اتصالا يسمح للهواء أن يمر بينهما، فيحتك بهما مع رفع مؤخر الطبق لسد التجويف الأنفي، ولا يتذبذب الوتران الصوتيان[١].

وصوت الفاء العربي يختلف عن صوت " V " فى اللغات الأجنبية، فالعربي مهموس، و " V " مجهور ولا نظير له فى العربية، وقد وقع فى بعض الكلمات الدخيلة مثل: بروفة، وبرافو، ومرفت، وفليب.

٣- الأصوات الأسنانية

وهي التي تشترك في نطقها الثنايا العليا والسفلي بمشاركة طرف اللسان، وهي: الثاء، والذال، والظاء.

الثاء : صوت رخو ينطق بوضع طرف اللسان بين أطراف الثنايا العليا والسفلي، ويسمح للهواء بالمرور من منفذ ضيق، ويأخذ اللسان وضعا مستويا، ويرتفع الطبق ليسد فتحة الأنف فيلتصق بالحائط الخلفي للحلق، ولا يتذبذب الوتران الصوتيان[٢]. ولا نظير لها فى اللغات الأجنبية وهى مهموسة.

والذال : صوت رخو مجهور مرقق يتم نطقه بنفس الطريقة التي ينطق بها صوت الثاء، والفرق بين الذال والثاء أن الأول مجهور ، والثاني مهموس، فالذال نظير الثاء المجهور، فلو أجهرت بالثاء تحولت ذالا[٣].

ويناظرها الصوت الذى يرمز إليه " Th " بوضع طرف اللسان بين الثنايا العليا والسفلى.

---

(١) المدخل إلى علم اللغة ص ٤٣، ودراسة الصوت اللغوي ص ١١٤.
(٢) المدخل إلى علم اللغة ص ٤٥.
(٣) ارجع إلى: المدخل إلى علم اللغة ص ٤٥ ، ٤٦.

والظاء : صوت رخو مجهور مفخم ينطق بالطريقة نفسها التي ينطق بها صوت الذال مع اختلاف في وضع اللسان، فمؤخرة اللسان ترتفع نحو الطبق مع الظاء، ولا ترتفع مع الذال، ولولا الإطباق في الظاء لكانت ذالا.[1] ولا نظير مفخم لها فى اللغات الأجنبية.

وقد سقطت الأصوات الأسنانية من الخطاب اليومي في مصر، وبعض اللهجات العربية، فصوت الثاء أبدلت بالتاء في مثل ثقيل: تقيل، أبدل بالسين في مثل ثابت: سابت.

واستعيض عن الذال بالدال في ذهب: دهب، واستعيض عنه بالزاي في مثل ذكر: زكر، وذنب: زنب، وذل: زل.

وأبدلت الظاء بالضاد في مثل: ظل: ضل، وحلت محلها الزاي المفخمة في مثل ظلم: زلم[2]، وهى زاى مفخمة قليلا.

٤- الأصوات الأسنانية اللثوية

وهي الأصوات التي تخرج من منطقة أصل الثنيتين العليين بمشاركة طرف اللسان، ويعد هذا المخرج أغنى المخارج بالأصوات العربية.

والأصوات الأسنانية اللثوية هي: الدال، والضاد، والطاء، والزاى، والسين، والصاد، والتاء.

الدال : صوت شديد مجهور مرقق، ينطق بأن تلتصق مقدمة اللسان باللثة والأسنان العليا التصاقا يمنع مرور الهواء، ورفع الطبق، ليسد التجويف الأنفي، وتكون مؤخرة اللسان في وضع أفقي، ثم يزول طرف اللسان عن موضعه ليترك الهواء يمر، فيندفع الهواء المحبوس إلى الخارج، فيتذبذب الوتران من اندفاع الهواء إلى الخارج.

والضاد : يعد نطقها المعاصر المقابل المفخم للدال، فتفخيم الدال ينتج عنه صوت الضاد كما ننطقها في خطابنا اليومي، فهي صوت شديد مجهور مفخم ينطق كنطق الدال مع فارق واحد، هو ارتفاع مؤخرة اللسان نحو الطبق بصوت الضاد، فالضاد العربية هي المقابل المطبق للدال، وليست هذه الضاد المعاصرة التى تنسب إليها العربية، فهى ضاد تنطق من الشدق

(١) الكتاب لسيبوية جـ ٤٣٦/٤، والمدخل ص ٤٥.

(٢) ارجع إلى: المدخل إلى علم اللغة العربية ص ٣٥ ، ٤٦.

تشبه الظاء نطق بها بعض العرب، وهى ضاد مفخمة شـديدة الصـعوبة فى النطـق، وليسـت فى خطابنـا المعاصر.

والتاء : صوت شديد مهموس مرقق، فهي نظير صوت الدال المهموس، وتنطق مثلها مع فارق واحد، وهو عدم تذبذب الوترين الصوتيين في التاء وتذبذبها في نطق الدال.

والطاء : صوت شديد مهموس مفخم، يقابل التاء في الترقيق والتفخيم، ولا فرق بينهما إلا في أن مـؤخرة اللسان ترتفع نحو الطبق عند نطق الطاء، ولا ترتفع نحوه في نطق التاء .

والزاي : صوت رخو مجهور مرقق، يتم نطقه بوضع طرف اللسان في اتجاه الأسنان ومقدمة مقابل اللثة العليا مع رفع الطبق تجاه الحائط الخلفي للحلق، فيسد المجرى الأنفي، ويتذبذب الوتران الصوتيان، وتفخم الزاي التى أبدلت من الظاء في العامية؛ ونلاحظ هذا في نطق ظلم في العامية زلم.

والسين : صوت رخو مهموس مرقق، نظير الزاي المهموس، ولا يفـترق عـن نطقـه إلا في الجهـر والهمـس، فالسين صوت مهموس لا يهتز في نطقه الوتران الصوتيان.

والصاد : صوت رخو مهموس مفخم، نظير السين المرقق، وينطق مثلـه مـع فـارق واحـد هـو أن مـؤخرة اللسان ترتفع نحو الطبق في نطقه [1] .

٥- الأصوات اللثوية

وهي الأصوات التي يتصل فيها طرف اللسان باللثة، وهي اللام و الراء والنون.

اللام : صوت جانبي مجهور ينطق بوضع طرف اللسان في منطقة اللثة العليا بمقدم الفم، ويرتفع الطبق، فيسد المجري الأنفي، عن طريق التصاقه بالجـدار الخلفـي للحلـق، ويتذبـذب في نطقـه الـوتران الصوتيان، فالهواء يجري من أحد جانبي اللسان مع الأضراس العليا.

واللام صوت مرقق، ولكنه يفخم في لفظ الجلالة " اللـه "، إذا لم يسبقه صوت مكسور، وإذا سبق صوت اللام بفتحة أو ضمة فخم أيضا في لفظ الجلالـة، وإذا سـبقه أحـد الأصوات المطبقـة، مثـل: الصـلاة، الطـلاق، والظلام، والضلال.

---

(١) الأصوات العربية ص١٠٤.

والفرق بين اللام المرققة والمفخمة في وضع مؤخرة اللسان، فمـؤخرة اللسـان ترتفـع إلى الطبـق في حالـة التفخيم، وتنخفض إلى قاع الفم في حالة الترقيق مثل الفرق بين صوتي السين والصاد، وتفخيم اللام ليس مطلقا عند علماء القراءات، فبعضهم يفخمها فى المواضع المذكورة على شروطها، وبعضهم يفخم معظم اللامات، مثل القارئ المصرى ورش[1].

والراء : صوت تكراري مجهور يتم نطقه عن طريق تيار الهواء الخارج من الرئتين، فيحرك طرف اللسـان المرتكز على اللثة ومقدمه سقف الحنك الصلب مرارا، فتتكرر ضرباتـه علـى اللثـة، فينـتج عـن تلـك الحركـات صوت احتكاك الهواء بها صوت الراء، وتتذبذب الأوتار الصوتية.

ويجد الأطفال صعوبة في بداية تعلم الكلام في نطق الراء لضعف عضلات طـرف اللسـان وقصـورها عـلى إحداث الضربات السريعة المكررة للثة، وقد يعجز بعض الناس المصابين باللثغة عـن نطقهـا فينطقونهـا غينـا. وترقق الراء إذا كسرت أو كانت ساكنة بعد كسر في مثل: رجـس، رزق، حرمـان، فرعـون، وترقـق إن سـبقت بالكسر وهى ساكنة ويليها صوت مفخم نحو قرطاس، وتفخم إذا كانت مفتوحة أو سبقت بفتحة أو ضمت أو سبقت بضمة ولم تكسر، وتفخم وهى ساكنة إن سبقت بفتحة وإن سبقت بصوت من الأصوات المفخمة (ص ، ض ، ط ، ظ) في مثل: يرجون، ويحرم، ويترك، والفرق بينهما هو ارتفاع مؤخرة اللسان في التفخيم، وانخفاضه في الترقيق[2].

والنون : صوت مجهور يتم نطقه بوضع طرف اللسان مرتكزا على اللثة، وخفـض الطبـق، ليفتح المجـرى الأنفي، فيقع رنينه فى تجويف الأنف، ويقع في نطقها تذبذب الوترين الصوتيين، والأنفيـة فيـه تعنـي خـروج الهواء من التجويف الأنفي محدثا في مروره نوعا من الحفيف، وهي بهذا الوصف كالميم تمـاما، وتختلـف عـن الميم في أن طرف اللسان مع النون يلتقي باللثة، فيمنع مرور الهواء عن طريق الفم، ولكن الشـفتين تقومـان بهذا الدور في نطق الميم؛ والنون أكثر الأصوات تأثرا بما يجاورها من أصوات، وتعد أكثر أصوات اللغـة شـيوعا بعد اللام، وهى تتأثر بغيرها من الأصوات إن كانت ساكنة، ويعرض لها تغيير فى النطق

(١) الأصوات اللغوية ص٦٤ ، ٦٥.
(٢) المدخل إلى علم اللغة ص ٤٩.

والمخرج بسبب تأثرها بما يجاورها.

وللنون أوضاع أخرى منها النون الأسنانية، وهي التي تقع قبل الذال، أو الثاء أو الظاء في مثل: إن ذهب، وإن ثاب، وإن ظلم حيث تتأثر النون بمخرج الأصوات الأسنانية اللثوية.

والنون الأسنانية اللثوية، وهي التي تقع قبل الأصوات الأسنانية اللثوية، وهي الدال ، والضـاد ، والتـاء ، والطاء ، الزاي ، السين ، الصاد . في مثل: إن دأب، إن ضرب، إن تبع، إن طلب، إن زرع، إن سكت، إن صلح[1].

والنون الغارية، وهي التي تقع قبل الشين أو الجيم أو اليـاء، في مثـل: مـن شـاء، ومن جـاء، مـن يكـن.

والنون الطبقية وهي التي تأتي قبل الكاف فقط في مثل: إن كان، ولكنها تخـرج مـن مخرجهـا الأصلي (اللثـة) قبل الغين والخاء، وهما من أصوات الطبق.

والنون اللهوية، وهي التي تأتي قبل صوت القاف في مثل إن قال، فالنون تتأثر بمخارج هـذه الأصوات، وليست هذه المخارج بمخارج أصلية في نطق النون بل طارئة في أصوات اللفظ الذي ترد فيه، وقد تظهر النون في النطق، وقد تخفى وقد تدغم، وقد تقلب ميما، فهي تظهر قبل أصوات الحلق (ء ، هـ ، ع ، ح ، غ ، خ) لبعد مخرجها عنها في مثل: من آمن، أنهارا، وانحر، أنعمت، من خير، من غل، وتخفى قبل خمسة عشر صوتا: التاء، الثاء، الجيم، الدال، الذال، الـزاى، السـين، الشـين، الصاد، الضـاد، الطـاء، الظـاء، الفـاء، القـاف، الكـاف، والإخفاء هنا مد صوت النون بغنة وميلها إلى مخرج الصوت المجاور لها من هذه الأصوات، وتدغم أو تغنى بغنة مع الياء والواو في من يقل، من وال، ومع الميم: من مال، والنون: من نـذير، وتـدغم بـلا غنة مع الـلام والراء نحو: من ربكم، فإن لم. وتقلب النون ميما إذا جاورت الباء في مثل: أنبئهم، من بعد[2].

٦- الأصوات الغارية Palatals

وهي الأصوات التي مخرجها الغار (الطبق الصلب) أو التجويف الذي يقع في الحنك الصـلب. والأصوات الغارية هي: الشين، والجيم، والياء.

---

(١) الأصوات اللغوية ص٦٦،٦٧،٦٨.

(٢) الأصوات اللغوية ص٧٠ – ٧٤.

الشين : صوت رخو مهموس مرقق، ينطق برفع مقدمة اللسان تجاه الغار، ورفع الطبق ليسد فتحة الأنف، بالتصاقه بجدار الحلق الخلفي، ولا تقع فيه ذبذبات، فمرور الهواء في الفراغ الضيق بين مقدمة اللسان الغار يحدث نوعا من الاحتكاك والصفير، وهو صوت الشين، وقد تجهر الشين بتأثير الأصوات المجهورة التي تجاورها في مثل: مشغول، وتعد الجيم الشامية " ج " شينا مجهورة، وهي التي تنطق في كلمة روج Rouge الفرنسية (أحمر)، أو جيهان.

الجيم : صوت مجهور يجمع بين الشدة والرخاوة، ويطلق عليه الصوت المزدوج أيضا، وينطق بوضع مقدمة اللسان في الغار أو سقف الحنك الصلب، فيلتصق به ويحبس الهواء، وتلتصق حافتا اللسان بالأضراس العليا، ويكون طرف اللسان إلى أسفل فيتسرب الهواء المضغوط، فيحدث احتكاكا شبيها بصوت الشين المجهورة في كلمة " روج "، ويتبين من هذا أن صوت الجيم الصحيح يقترب من صوت الدال متداخلا مع صوت الشين المجهور، ففي أول نطق الصوت نسمع صوت الدال يخرج من سقف الحنك ويؤول في النهاية إلى صوت شين مجهور، ولهذا أطلق على صوت الجيم الذي يقرأ به القراء صوتا مزدوجا.

ويرى بعض العلماء أن صوت الجيم المزدوج الذى تناولنا وصفه ليس أصيلا في اللغة العربية القديمة، وإنما هو متطور عن جيم تشبه الجيم القاهرية (التي ينطق بها أهل القاهرة وبعض المناطق التي تنطق القاف جيما في مثل: قال: جال)، واستدل العلماء على ما ذهبوا إليه بأن اللغات السامية كالعبرية، والسريانية، والحبشية يوجد بها صوت الجيم القاهرية، وهو صوت شديد، ثم تغير النطق بها في بعض اللهجات العربية، فصارت صوتا مزدوجا، وكان هذا نطق قبيلة قريش في زمن نزول القرآن الكريم، وقرأ النبي صلى الله عليه وسلم به، فاعتمده علماء العربية دون الجيم السامية القديمة والجيم الشامية " ج " والجيم القاهرية، وحسم بهذا الإجماع الخلاف بين اللهجات واللغات[1] .

الياء : رمز الياء مثل رمز الواو في العربية يقع على وجهين فتارة يرمزان إلى صوتين صامتين، وتارة أخرى يرمزان إلى صوتين صائتين، ففي حالة الصامتين تصاحبهما الحركات، وفي حالة الصائتين يكونان ساكنين، ومثل الأول الواو في: " وزن "، والياء في "يد" فهما صوتان

---

(١) ارجع إلى: المدخل إلى علم اللغة ص ٥٠ ، ٥١.

صامتان، أما الواو في شكور، غفور، فهي ضمة طويلة و هي صوت صائت، والياء في عليم، حكيم كسرة طويلة، وهي صوت صائت، وهذان الصائتان ساكنان.

والياء: (الصوت الصامت) صوت مجهور غاري يخرج من احتكاك الهواء بالممر الموجود بين وسط اللسان أو مقدمه[1] والغار أثناء خروج، ويصاحب هذا انفتاح الفك السفلي، فيختفي الاحتكاك في نهايته، ويوجد شبه كبير بينه وبين صوت الكسرة الخالصة (صوت العلة، والياء الطويلة الصائتة)[2].

٧- الأصوات الطبقية Velars

وهي الأصوات التي تنطق برفع مؤخر اللسان في اتجاه الطبق، وهي: الكاف والغين والخاء.

الكاف : صوت شديد مهموس مرقق يتم نطقه برفع مؤخرة اللسان في اتجاه الطبق وإلصاقه به، وإلصاق الطبق بالحائط الخلفي للحلق، ليسد المجرى الأنفي، ولا يهتز الوتران الصوتيان.

والغين : صوت رخو مجهور مستعل، يتم نطقه برفع مؤخر اللسان حتى تتصل بالطبق اتصالا يسمح للهواء بالمرور، فيحتك اللسان والطبق في نقطة تلاقيهما وفي الوقت نفسه يرتفع الطبق ليسد مجرى الأنف، ويحدث تذبذب يصاحب نطق الصوت، ويسمى مستعليا؛ لاستعلاء مؤخرة اللسان فيه فيغلظ.

والخاء : صوت رخو مهموس، ويعد نظيرا للغين، ولا يفترق عنه إلا في الجهر والهمس، فالغين صوت مجهور، والخاء صوت مهموس لا يهتز في نطقه الوتران الصوتيان، وهو صوت مستعل أيضا يغلظ في النطق.

٨- الأصوات اللهوية Uvular

وهي الأصوات التي تخرج من اللهاة بمشاركة مؤخرة اللسان، ولا يوجد منها في العربية إلا صوت القاف، وهو صوت شديد مهموس، ينطق برفع الطبق، حتى يلتصق بالجدار

---

(١) يوجد فرق بين طرف اللسان ومقدم اللسان، ومؤخر اللسان فطرف اللسان هو الجزء المستدق المدبب في أول اللسان يليه مقدم اللسان، ثم مؤخره، وهو الذي يلي جذر اللسان المثبت على العظم اللامي.
(٢) ارجع إلى: المدخل إلى علم اللغة ص ٥٣.

الخلفي للحلق، فيسد المجرى الأنفي، وترتفع مؤخرة اللسان حتى تتصل باللهاة والجدار الخلفي للحلق مع عدم حدوث ذبذبة فينحبس الهواء، ثم ينفجر بعد انفصال العضوين المتصلين، وهي تتشابه مع الكاف ولا فرق بينهما إلا في أن القاف أعمق قليلا في مخرجها(١)، وأنها مغلظة فى النطق لارتفاع مؤخرة اللسان فيها، وتدخل فى أصوات الاستعلاء:(خ ، غ ، ق).

٩- الأصوات الحلقية

وهي الأصوات التي تنتج في منطقة الحلق Pharynx، ولا يقوم الفم والأنف بدور فيها سوى تشكيل الصوت بمعنى أنه لا يوجد أي عائق في الفم ينتج احتكاكا. ويتم إنتاج الأصوات الحلقية Phoryngals عن طريق تقريب الحائطين الأمامي والخلفي للحلق، أو اقتراب جذر اللسان ومؤخرة الفم، ولذا رأي بعض العلماء أنه من الأدق أن تسمى الأصوات لسانية حلقية Inguo-Phoryngal(٢). والأصوات الحلقية: هي العين والحاء :

العين : صوت رخو مجهور مرقق، يتم نطقه بتضييق الحلق عن لسان المزمار، ونتوء لسان المزمار إلى الخلف حتى يكاد يتصل بالحائط الخلفي للحلق، ويرتفع في الوقت نفسه الطبق، ويسد المجرى الأنفي، ويهتز الوتران الصوتيان.

والحاء : صوت رخو مهموس مرقق، وهو نظير العين، ويفترق عنه في أنه مهموس(٣). والحاء تشبه العين ولولا بحة فى الحاء لأشبهتها؛ لأنها من مخرجها.

١٠- الأصوات الحنجرية Larynx

وهي الأصوات التي تنتج في منطقة " فتحة المزمار " Glottis، ولذا تسمى كذلك مزمارية، وقد يتم الإنتاج عن طريق غلق الفتحة، فيحدث صوت الهمزة، أو عن طريق تضيقها، فيحدث صوت الهاء، والأصوات الحلقية هي الهمزة واللهاء(٤).

الهمزة : صوت شديد مهموس مرقق، ينطق بإغلاق الوترين الصوتيين إغلاقا تاما، يمنع

---

(١) المدخل إلى علم اللغة ص ٥٥.
(٢) دراسة الصوت اللغوي ص ١١٤.
(٣) المدخل إلى علم اللغة ص ٥٥، وسر صناعة الإعراب لابن جنى جـ ٢ / ٢٤٦.
(٤) دراسة الصوت اللغوي ١٥٥.

مرور الهواء، فيحتبس الهواء في الحنجرة ثم تفتح فجأة، فينطلق الهواء متفجرا، ولا يتذبذب الوتران الصوتيان، لأنهما يكونان على جانبى الحنجرة مسترخيين.

وقد وصف بعض القدماء، منهم سيبويه الهمزة بأنها صوت مجهور، ورأي المحدثون غير ذلك؛ لأن الوترين الصوتيين يغلقان الحنجرة تماما، فيحبسان الهواء، ثم تفتحان فيقع انفجار هائل يحدثه الهواء في تجويف الحلق، ولا تقع مقاومة من الأحبال الصوتية لتيار الهواء(١).

وبعض العرب، ومنهم قريش، لا يهمزون أي لا يستحبون الهمزة في كلامهم، فيتخلصون منها بقلبها صوت علة لين أو مد في مثل: بير، ذيب، وقد كان التخلص من الهمزة شائعا في الحجاز، ولكن قبيلة تميم كانت تستحب الهمزة في كلامها، وكانت تميم من أفصح العرب(٢).

والهاء : صوت رخو صوت مهموس مرقق، يتم نطقه بأن يحتك الهواء الخارج من الرئتين، بمنطقة الوترين الصوتيين، دون أن يتذبذبا، ويرتفع الطبق ليسد المجرى الأنفي، وصوت الهاء عبارة عن حفيف يحدث بمنطقة الوترين الصوتيين نتيجة تضيق فتحة المزمار عما كانت عليه في نطق الهمزة، ولولا صوت الحفيف لما سمع غير صوت الزفير، وانعدام الذبذبات هو الذي يميز الهمزة عن أصوات الحركات (ا ، و ، ى)، وقد التبس الأمر على بعض العلماء، فظنوا أن صوت الهاء مجهور لصدور صوت الرنين فيه، فلم يميزوا بين صوت الحركات وصوت الهاء.

وقد أطلق بعض العلماء على الأصوات التي تخرج من الحلق، والحنجرة اسم الأصوات الرنينية Resonates، ولاحظوا أيضا أن الأصوات الرنينية أكثر شيوعا من المهموسة(٣).

هذه هي الصوامت ومخارجها، وبقي لنا مخرج ثانوي يوصف به صوتان صامتان (الميم ، والنون) وهو الأنف.

١١- الأصوات الأنفية

الأصوات الأنفية الأصوات التي يتسرب الهواء معها من الأنف دون الفم فهو حجرة

---

(١) ارجع إلى: الأصوات اللغوية للدكتور أنيس ص ٨٣، وأصوات اللغة للدكتور أيوب ص ١٤٣، والمدخل إلى علم اللغة ص ٥٦، ٥٧.
(٢) ارجع إلى: المدخل إلى علم اللغة ص ٥٧.
(٣) دراسة الصوت اللغوي ص ١١٤.

الرنين، ويؤثر حجمه هيئة شكله في الرنين المصاحب لنطق الصوت.

وتحدد أماكن نطق الأنفيات عن طريق تحديد مواقع الغلق في الفم، ولذا تنسب إليها، والأنفية Nasality خفض الطبق اللين Velum ليمر الهواء حرا إلى تجويفات الأنف، ويشترط لاعتبار الأنفية عملية أساسية أن يكون الممر هو الممر الوحيد المفتوح نتيجة لغلق ممر تجويف الفم، وقد ثبت أن الأنفيات تملك تركيبا حزما (متماسكا) مماثلا لما تملكه العلل، نتيجة الممر الحر للصوت إلى الأنف، وإن كان الحزم مع الأنفيات أضعف لوجود الغلق في الفم[1].

والأصوات الأنفية والفموية صامتة، فالصوامت الشديدة يغلق مجرى الهواء فيها إغلاقا كاملا فالحنك الرخو يغلق مدخل التجاويف الأنفية، فتخرج الأصوات الشديدة من المجرى الفموي، ولكن هناك أصوات يكون الحنك الرخو فيها منخفضا، فيفتح المجرى الأنفي، فتخرج الصوامت الأنفية Consommés nasals، بعد أن أغلق الحنك الرخو والمخرج الفموي، ليتحول ممر الهواء إلى المجرى الأنفي، ويوجد في العربية صوتان صامتان أنفيان، هما: الميم والنون[2]. ولا يعد الأنف مخرجا لهذين الصوتين، فليس الأنف سوى ممر للهواء فقط، فالصوت لا ينتج لاحتكاك الهواء بجزء من الأنف الداخلى أو يصطدم به، بل ينتج لغلق الشفتين ممر الهواء فمخرج الميم الأساسي هو الشفتان، ويصطدم الهواء باللسان واللثة فى نطق النون، فمخرج النون اللثة، بمشاركة اللسان الذي يعد عضوا رئيسيا أو مساعدا في إنتاج معظم الأصوات، ولهذا أطلق على اللغة في العديد من اللغات اسم اللسان، لأهميته في الكلام، ويعجز من أصيب بعاهة في اللسان عن النطق الصحيح، ومن أمراض اللسان الكلامية اللثغة، وهي قلب السين ثاء، والراء غينا.

وليست هذه الأوصاف التي ذكرناها آنفا هي التي أجمع عليها علماء الأصوات، فقد استخدم بعض علماء الأصوات تقسيمات أخرى وأوصافا أخرى بمصطلحات أخرى، فقد توصف بعض الأصوات بوصف عام يشملها جميعا مثل: الذال والثاء والظاء والدال والتاء أصوات ذلقية، لأنها تنطق باستخدام ذلق اللسان (طرفه)، وقد يستخدم وصف آخر لتمييز

---

(١) دراسة الصوت اللغوي ص ١١٥.

(٢) علم الأصوات، برتيل ص ٩٣.

بين بعضها لاشتراكها في صفة واحدة، فيقال: الذال والثاء والظاء أصوات لسانية، ولكن هذا الوصف لا يميزها عن غيرها من الأصوات التى يشارك فيها اللسان فلا يميزها من صوتي التاء والدال الذلقيين أيضا، فهما يخرجان بوضع ذلق اللسان عند أصول الثنيتين من فوق، وتنطق الذال والثاء والظاء بوضع ذلق اللسان بين الثنايا العليا والسفلي.

ويتبين من هذا أن أعضاء الحنك هي: الأسنان، اللثة، الغار (أعلى تجويف الفم) الطبق واللثة، واللهاة (قطعة لينة تتصل بمؤخر سقف الحنك تغلق فتحة الأنف أثناء البلع يمكن رؤيتها عند فتح الفم كاملا).

والأصوات التي يشترك اللسان في إنتاجها مع جزء آخر من الفم تسمى باسم الجزء الذى يشارك اللسان، وتسمى التي تنطق في الحلق حلقية، والتي تنطق في الحنجرة حنجرية والتي تنطق في الحنك (في الحنك الأعلى) حنكية، وتتم عملية النطق غالبا عن طريق التقاء عضو النطق المتحرك بعضو النطق الثابت.

وينقسم سقف الفم علي جزئيين، أولهما - الحنك الصلب ويسمي بالغار، وثانيهما - الحنك اللين، ويسمي الطبق، والأصوات التي مخرجها من الغار تسمى الغارية، وهي (ج ، ش ، ي)، والجزء اللين من الحنك، ويقع فوق جذر اللسان يسمى الحنك اللين، ويسمى أيضا " الطبق "، وتوصف الأصوات التي تنطق في الحنك اللين بالأصوات الطبقية، وهي الأصوات التي تخرج من أقصى اللسان(ك ، غ ، خ).

والصوت اللسانى القصى الذي يشترك في نطقه أقصى اللسان، وهو من أعضاء النطق المتحركة، والصوت الذي يوصف بأنه قصى ينطق برفع أقصى اللسان نحو الطبق، ويتحقق هذا في نطق صوت الكاف، وهو قصي-طبقي، وقسم سيبويه الأصوات الحلقية إلى أصوات أقصى الحلق (يريد الحنجرة) وهى (ء ، هـ)، وأصوات أوسط الحلق (ع ، ح)، وأصوات أدنى الحلق (غ ، خ)، وهذه الأصوات الستة عرفت فى اصطلاح القدماء من اللغويين والقراء بالأصوات الحلقية.

والأصوات الطبقية هي: ك ، غ ، خ ، ويلاحظ أن الغين والخاء يخرجان من منطقة أقصى- من المنطقة التي ينطق منها صوت الكاف، وصوت الغين وصوت الخاء من الثنائيات الصغرى، فلا فرق بينهما بيد أن صوت الغين مجهور والخاء مهموس.

واللهاة[1] وهي قطعة لحمية مدلاة في نهاية سقف الحنك اللين تسـد فتحـة الأنـف عنـد البلـع ويشـارك اللهاة في نطق صوت القاف حيث يلامس أقصى اللسان اللهاة عند النطق بصوت القاف، ومن ثم فهـو صـوت قصى لهوي. وصوت القاف أقصى في المخرج من صوتي الخاء، والغين وهنالك أصوات مطبقة، وهي غير الطبقية (ك ، غ ، خ)، فالأصوات المطبقة (ص، ض، ط، ظ) ، وتسمى أيضا أصوات الإطباق، وهي التي يطبق فيها اللسان على سقف الحنك.

والحنك يفصل بين التجويفين الفموي والأنفي، ويسمي الطبق، ويمكن رفع الطبق، ويمكن خفضه أيضا، فإذا رفع الطبق انغلق ممر التجويف الأنفي وإذا انخفض الطبق[2] فتح ممر التجويف الأنفي، ويكون الممر مفتوحا أثناء نطق صوتي الميم والنون، لأنهما يضبطان داخل تجويف الأنف Nasalcavity ولا يمكن إصدارها إلا بفتح الممر إلى التجويف الأنفي.

وتعد وظيفة انخفاض الطبق الوحيدة السماح بمرور الهواء إلى حجرة الرنين الأنفية فيضبط الصوت الأنفي الذي يخرج من فتحة الأنف.

** ** ** **

---

(١) ليس للهاة قيمة في اللغة الإنجليزية لعدم وجود أصوات لهوية بها.
(٢) يتسبب ارتخاء الطبق في عيوب نطقية، عند المصابين به، لأن بعض الأصوات ذات طبيعة أنفية – وإن كانت خفيفة، ويسمي هذا العيب النطقي "الخنخنة". علم اللغة الدكتور بدوي . ص ٤٥.

الأصوات الصائتة

(مخارجها ، صفاتها)

وتسمى فى اصطلاح بعض العلماء الحركات Vowels فى مقابل الصوامت Consonants والأصوات الصائتة التى يخرج فيها النفس حرا لا يعترضه عائق، أو هى الأصوات المجهورة التى يندفع أثناء نطقها الهواء فى مجرى مستمر فى الجهاز النطقى، أو وهى الأصوات المجهورة التى لا يعترضها عضو من أعضاء النطق، فيخرج الهواء محدثا اهتزازا فى الأوتار الصوتية دون احتكاك مباشر أثناء مروره حتى يخرج من الفم [١].

وهى فى اصطلاح الخليل حروف هوائية جوفاء تنطق من الجوف فى الهواء، ليس لها حيز تنسب إليه مثل الحروف الصحاح.

واللغة العربية بها نوعان من الحركاتVowels وهما :

الحركات القصيرة (Short Vowels)، وهى الفتحة والكسرة والضمة.

والحركات الطويلة (Long Vowles) وهى الألف والياء والواو. والفرق بين النوعين فرق فى الكمية فقط [٢].

وقد فرق بعض اللغويين القدامى بين الأصوات الصائتة والأصوات الصامتة، وبنوا التفريق بينهما على أساس استمرار الصوت الإنسانى وتقطعه ومن هؤلاء اللغويين الخليل بن أحمد (١٠٠هـ-١٧٥هـ)[٣]، فقد رأى أن الألف والواو والياء فى الهواء تخرج من الجوف فلا حيز لها تنسب إليه فلا مدارج لها على طول ممر الهواء، ويقول ابن جنى (ت ٣٩٢هـ): " اعلم أن الصوت عرض يخرج من النفس مستطيلا متصلا حتى يعرض له فى الحلق والفم

---

(١) ارجع إلى: أصوات اللغة للدكتور أيوب ص ١٧٦، والمدخل إلى علم اللغة ص ٩١ ، ٩٢. وقد تناول الدكتور موسى مصطفى العبيدان مخرج الصوائت وخفتها وثقلها فى كتابة لهجة بنى كلاب ط١٤١٨/١هـ ، ١٩٩٧م، النادى الأدبى، السعودية ص ٢٨ وما بعدها.

(٢) ارجع إلى: الخصائص جـ١٢٧/٣، وسر صناعة الإعراب جـ ٢٨/١ وما بعدها.

(٣) كتاب العين، تحقيق مهدى المخزومى والسمرائى، الطبعة الأولى ١٤٠٨م، مؤسسة الأعلمى للمطبوعات، بيروت – لبنان جـ٥٧/١.

والشفتين مقاطع تثنيه عن امتداده واستطالته، فيسمي المقطع أينما عرض له حرفا " [١]. ومن قول ابن جني السابق ندرك أن الحرف عنده هو الصوت الصامت الذي يحدث بسبب اعتراض في مجري الهواء.

ورأي ابن جنى أن الأصوات الصائتة التي تحدث بسبب امتداد الصوت واستمراره، يقول: " فإن اتسع مخرج الحرف حتى لاينقطع الصوت عن امتداده واستطالته، استمر الصوت ممتدا حتى ينفد ... والحروف التي اتسعت مخارجها ثلاثة: ألف ثم الياء ثم الواو " [٢].

ولا يعني اقتصار ابن جني في التمثيل بالحركات الطويلة التي أسماها حروفا إخراج الحركات القصيرة ، بل هي معنية كذلك، لأنه قد استقر في مفهوم اللغويين العرب أن الحركات القصيرة أبعاض الحركات الطويلة، ومن هؤلاء سيبويه[٣] وابن جني نفسه، يقول : " اعلم أن الحركات أبعاض حروف المد واللين، وهي الألف والياء والواو، فكما أن هذه الحروف ثلاثة، فكذلك الحركات ثلاث، وهي الفتحة والكسرة والضمة، فالفتحة بعض الألف، والكسرة بعض الياء، والضمة بعض الواو " [٤]. وبعضهم رأى العكس أن الحركات الطويلة امتداد الحركات القصيرة وإشباع لها. وقد وصف الخليل الحركات الطويلة أو الصوائت(ا ، و ، ى) بأنها هاوية لا مخرج لها[٥]. وجعل معها الهمزة المخففة ياء أو واوا أو ألفا.

ومفهوم اللغويين القدامى عن الحركات لا يختلف عن مفهوم علماء الأصوات المحدثين، فهم يرون أن الصفة المميزة لنطق الحركات تقوم على شكل ممر الهواء المفتوح فيما فوق الحنجرة، وعلى هذا الأساس عرفوا الحركات بأنها: صوت مجهور لا يسمع عند إنتاجه احتكاك أو انفجار[٦]. فلا يعترضه شىء، وهو ما سبق إليه الخليل فى وصف الألف والواو

---

(١) سر صناعة الإعراب ابن جنى، تحقيق حسن هنداوي، ط ١/ ١٤٠٥هـ - ١٩٨٥م، دار القلم جـ٦/١.
(٢) سر صناعة الإعراب حـ٧/١ ، ٨.
(٣) الكتاب حـ٢٤٢/٤ .
(٤) سر صناعة الإعراب، حـ١٧/١.
(٥) العين جـ٦٥/١.
(٦) الأصوات العربية كمال بشر، ط ١٩٩٠م مكتبة الشباب ص٧٤، مقدمة لدراسة اللغة حلمي خليل ط١٤٠٩/١هـ-١٩٨٩م. دار القلم- الإمارات العربية المتحدة – دبي ص٢٢١.

والياء، وهو رأى ابن جنى يجرى الصوت فيها غفلا بغير صنعة، ورأى سيبويه أن الألف مخرجها أقصى الحلق مع الهمزة والهاء[1].

وقد وصف ابن جني مخرج هذه الحركات الطويلة فقال: "والعلة في ذلك أنك تجد الفم والحلق في ثلاث الأحوال مختلف الأشكال، أما الألف فتجد الحلق والفم معها منفتحين غير معترضين على الصوت بضغط أو حصر، ووصفه فى موضع آخر " يجرى الصوت فى الألف غفلا بغير صنعة "، " وأما الياء فتجد معها الأضراس سفلا وعلوا قد اكتنفت جنبتي اللسان وضغطته وتفاج الحنك عن ظهر اللسان فجري الصوت متصعدا هناك، فلأجل تلك الفجوة ما استطال، وأما الواو فتضم لها معظم الشفتين، فلما اختلفت أشكال الحلق الفم والشفتين مع هذه الأحرف الثلاثة اختلف الصدى المنبعث من الصدر "[2]. لقد عزي ابن جني اختلاف أصوات هذه الحركات إلى اختلاف مخارجها مؤكدا على دور الهيئة أو الوضع الذي يكون عليه الحلق والفم - الشفتان واللسان - في تشكيل أصوات هذه الحركات، وقد ألمح إلى دور اللسان والشفتين في تحديد مخرجي الياء والواو. وقد بذل ما في وسعه لتحديد مخرج كل حركة من حيث المنطقة التي يكون فيها اللسان داخل التجويف الفموي عند نطق الحركة (أمام، وسط، خلف)، وكذلك من حيث درجة ارتفاع اللسان داخل التجويف الفموي (ضيقة، نصف ضيقة، نصف مفتوحة).

ولم تختلف النتائج التى توصل إليها ابن جنى مع البحوث الحديثة التى اعتمدت على التقنية الحديثة فى البحث، فقد توصل إلى النتائج التى توصل إليها دانيال جونزD. Jones[3] - وهو أحد العلماء اللغة المشهورين - فقد حدد هذا اللغوي منطقة داخل الفم أطلق عليها منطقة الصوائت، وهي المنطقة التي لا تتجاوز أعلي نقطة في اللسان عند النطق بالصائت، وحدد وضع هذه النقطة في اللسان عند النطق بالصائت، وحدد وضع هذه النقطة في اللسان داخل هذه المنطقة باتجاهين علوي وسفلي، وأمامي وخلفي. ولكنه لم يصف مخرج كل حركة، ولم يحدد الوضع الذي يجب أن يكون عليه اللسان في حالة النطق بالحركة، كما أنه

---

(١) العين للخليل جـ ٥٦/١، ٥٧، والكتاب لسيبويه جـ ٤٣٤/٤، وارجع إلى سر صناعة الإعراب جـ ٢٠/١.
(٢) سر صناعة الإعراب، حـ٨/١ .
(٣) D.Jones, An Outline of English Phonetics, Cambridge ١٩٤٧. P ٩٧.

لم يذكر درجة ارتفاع اللسان داخل التجويف الفموي[1]. وهو ما سبق إليه ابن جنى فوصف إنتاج الصوت وهيئته، وزاد ابن سينا وصف أعضاء النطق حال الكلام. وأعجز العلماء ما لم يستطيعوا مشاهدته[2].

وقد استخدم اللغويون المعاصرون التقنية الحديثة في تحديد مخارج هذه الحركات عن طريق التصوير بالأشعة السينية التي أمكن عن طريقها تحديد وضع اللسان داخل المنطقة التي يكون فيها بصورة دقيقة عند النطق بالحركة وكذلك تحديد درجة ارتفاعه داخل التجويف الفموي، وبناء علي ذلك فإن مخارج الحركات الطويلة يكون على النحو الآتي[3] :

١-الألف (â): صائت أمامي نصف مفتوح، وهو حركة مد طويلة.

٢- الياء (î): صائت أمامي ضيق، وهو مد طويل.

٣- الواو (û): صائت خلفي ضيق، وهو مد طويل.

وهذه الأصوات الثلاثة يشبع فيها المد، وتسبق بحركة تجانسها، فالألف تسبق بفتحة والياء تسبق بكسر والواو تسبق بضمة، وذلك لإشباع المد بالحركة الطويلة، فالمد لا يتحقق بحركة مخالفة فالواو قصيرة فى عورة وطويلة فى شكور ومثلها الياء فى بيت وسميع.

أما مخارج الحركات القصيرة فهي على النحو الآتي :

١- الفتحة (A): صائت أمامي قصير نصف مفتوح، وهي تجانس الألف أو جزء منه، وقيل الألف امتداد الفتحة.

٢- الكسرة (I): صائت وسطي قصير نصف مفتوح، وهي تجانس الياء أو جزء منها، وقيل الياء امتداد الكسرة.

٣- الضمة (U): صائت خلفي قصير نصف مفتوح، وهي تجانس الواو أوجزء منها،

---

(١) ارجع إلى: لهجة بني كلاب ص ٣١.
(٢) ارجع إلى: أسباب حدوث الحروف لابن سينا ص ٦٤ ، ٦٥، وكتاب القانون في الطب جـ ٤٤/١.
(٣) الأصوات العربية، بشر ص ١٣٧، ١٣٨ ودراسات في العربية، فيشر، ترجمة سعيد بحيري، مكتبة الآداب ص ٢٤٨، ٢٤٩.

وقيل الواو امتداد لها.

وتأخذ الشفتان عند النطق بهذه الحركات أوضاعا وأشكالا مختلفة، فهما تنفتحان عند النطق بالفتحة والألف، وتضمان مع انفراج بسيط يسمح بخروج الهواء عند النطق بالضمة والواو، وتكسران عند النطق بالكسرة والياء.

وقد تكلم اللغويون القدامى عن الحركات القصيرة والطويلة من حيث الخفة والثقل، وهي مسألة تتردد كثيرا عند سيبوبه، فهو يري أن الفتحة أخف الحركات، تليها الكسرة، والضمة أثقلها، يقول: " ويقولون في فخذ: فخذ، وفي رسل: رسل، ولا يخففون الجمل؛ لأن الفتحة أخف عليهم من الضمة والكسرة "(١).

وفي موضع آخر ينبه على أن الكسرة أخف من الضمة، يقول: " وقالوا: شحمت، كما قالوا. بخلت، وذلك لأن الكسرة أخف عليهم من الضمة " (٢) وعن ثقل الضمة يقول: " وأما فعل فإنه لا يضم منه ما كسر من فعل؛ لأن الضم أثقل عندهم " (٣). أما بالنسبة للحركات الطويلة، فهو يري أن الألف أخف الحركات الطويلة تليها الياء، وأثقلها الواو، يقول: " الألف أخف عليهم من الياء والواو " (٤)، وعلى ضوء معيار الخفة والثقل بين الحركات تري العرب في نطقها يتحولون من الأثقل إلى الأخف، يقول سيبويه: " الفتحة والألف أخف عليهم ألا تراهم يفرون إلى الألف من الياء والواو إذا كانت العين قبل واحدة منها مفتوحة، فروا إليها في قولهم: رضا ونها " (٥) وبعض العرب إذا اجتمع في كلامهم حركتان ثقيلتان، فإنهم يميلون إلى التسكين طلبا للخفة، وهي لغة عزاها سيبويه إلى بكر بن وائل، وأناس كثير من بني تميم(٦) يقول: " وإذا تتابعت الضمتان، فإن هؤلاء يخففون أيضا، كرهوا ذلك كما يكرهون الواوين، وإنما الضمتان من الواوين، فكما تكره الواوان كذلك تكره الضمتان، لأن

(١) الكتاب، ج٤/١٦٧، وارجع إلى: الأشباه والنظائر جـ١/ ١٦٧ ، ١٦٨.
(٢) المرجع السابق، جـ٤/٣٧.
(٣) المرجع السابق، جـ٤/١١٣.
(٤) الكتاب، جـ٤/١٧.
(٥) المرجع السابق، جـ٤/١٨٧.
(٦) الكتاب، جـ٤/١١٣.

الضمة من الواو ، وذلك قولك: الرسل والطنب والعنق، تريد الرسل والطنب والعنق. وكذلك الكسرتان تكرهان عند هؤلاء كما تكره الياءان في مواضع، وإنما الكسرة من الياء، فكرهوا الكسرتين كما تكره الياءان. وذلك في قولك إبل: إبل، وأما ما توالت فيه الفتحتان، فإنهم لا يسكنون منه، لأن الفتح أخف عليهم من الضم والكسر " [١].

ولما كان انتقال العرب في نطقها من الأثقل إلى الأخف يشكل ظاهرة فونولوجية، فقد حاول اللغويون القدامى تفسيرها بقانون الجهد الأقل Least Effort والذي عبروا عنه بالمصطلحات الآتية: (الخفة) و (التخفيف) و(الاستخفاف)[٢] . ويقصد بهذا القانون أن اللغة " تحاول التخلص من الأصوات الثقيلة وتستبدل بها أصواتا أخري لا تتطلب مجهودا عضليا كبيرا " [٣]، ورأى بعض الباحثين أن علماء العربية لم يقدموا تفسيرا لخفة الفتحة ثم الياء ثم الواو، وهذا يناقض ما ذكره ابن جنى الذى عالج هذا الموضوع معالجة وافية، فذكر عضو النطق المستخدم وهيئته[٤]، وقد فسر هذه الظاهرة فى ضوء نوع الحركة المستخدمة فى نطقها ونوع الحركة التى تجاورها، وعلل أسباب خفة الفتحة ثم الياء ثم الواو وعلاقة الألف بالواو والياء، وتعاقبها.

وقد استطاع علماء الأصوات المحدثون بفضل استخدام الأجهزة الحديثة تحديد هذه المخارج واضحة، ومن ثم أصبح من السهل تعليل سبب الخفة والثقل بين هذه الحركات، وقد تناول السيوطى هذا الموضوع، وذكر آراء العلماء، فنقل عن الخليل رأيه فى ثقل الضمة، أن المتكلم يتكبد جهدا كبيرا فى نطقها، فالضمة تحتاج إلى حركة الفكين والشفتين مثل: الواو، ويضيق ممر الهواء، فيبذل المتكلم طاقة فى الآداء[٥]، وهذا ماقاله ماقاله المحدثون. فالفتحة أخف الحركات القصيرة، لأن أول اللسان يرتفع في المنطقة الأمامية من التجويف الفموي تجاه الحنك الأعلى، تاركا بينه وبين الحنك الأعلى فتحة بمقدار النصف لخروج الهواء،

---

(١) المرجع السابق، جـ٤/١١٤-١١٥.

(٢) الكتاب.جـ١/٢١٠،١٦٦.جـ٢/٢١١،٨٦٢.جـ٣/٤٩٩،٣٤٤.جـ ٤/١١٤،١١٣، ١٨٨ ، ٣٤١ ، ٣٦١ .

(٣) التطور اللغوي دكتور رمضان عبد التواب، مكتبة الخانجي بالقاهرة، دار الرفاعي بالرياض . ص٤٧ .

(٤) ارجع إلى: سر صناعة الإعراب، طبعة المكتبة التوفيقية جـ ٣٠/١.

(٥) ارجع إلى: الأشباه والنظائر، جـ١/١٨٠،١٧٩، وقد نقل فيه عن الخليل والزجاجي وابن جنى، وابن الدهان، والسخاوى.

وارتفاع أول اللسان لا يحتاج جهدا عضليا كبيرا يبذله المتكلم أثناء النطق بهذه الحركة القصيرة.

ولما كانت الألف فتحة طويلة، فإن مخرجها هو مخرج الفتحة، فهي حرف أمامي نصف مفتوح، وعلى هذا، فإن سبب خفتها هو سبب خفة الفتحة، إلا أن الفرق بينهما هو مقدار كمية الصوت في الألف أكبر منه في الفتحة، ولهذا السبب كانت الألف أخف الحركات الطويلة، والعرب تفر إلى الفتحة من الضمة[١]. وقد يكون الثقل من تخالف حركتين مثل الكسرة والفتحة والكسرة والضمة.

والكسرة أثقل من الفتحة، لأن وسط اللسان يرتفع من التجويف الفموي تجاه الحنك الأعلى تاركا بينه وبين الحنك الأعلى فتحة بمقدار النصف لخروج الهواء. وارتفاع وسط اللسان يحتاج إلى بذل جهد عضلي أكبر مما يبذله المتكلم أثناء نطقه بحركة الفتحة، ولهذا كانت الكسرة أثقل من الفتحة. والياء مخرجها يختلف عن مخرج الكسرة، فهي أمامية، أي أن أول اللسان يرتفع في المنطقة الأمامية من التجويف الفموي باتجاه الحنك الأعلى ارتفاعا يجعل الفراغ الذي بينه وبين الحنك الأعلى ضيقا أكثر من حالة النطق بالفتحة والألف، فالدرجة التي يرتفع إليها أول اللسان أثناء النطق بالياء أعلي من الدرجة التي يرتفع إليها أول اللسان أثناء النطق بالألف، وهذا يعني أن ارتفاع اللسان تجاه الحنك الأعلى يتطلب جهدا يتفق مع كل درجة يرتفع إليها أول اللسان، فكلما زاد أول اللسان ارتفاعا زاد تبعا لذلك الجهد العضلي المبذول، ومن هنا كانت الياء أثقل في النطق من الألف[٢].

وتعد الضمة أثقل الحركات؛ لأن آخر اللسان يرتفع في المنطقة الخلفية من التجويف الفموي تجاه الحنك الأعلى تاركا بينه وبين الحنك الأعلى فتحة مقدار النصف لخروج الهواء. وارتفاع مؤخرة اللسان فيها مشقة، وتحتاج من المتكلم بذل جهد عضلي كبير يفوق الجهد المبذول في حالة رفع أول اللسان أو وسطه، وهي حالة النطق بالفتحة والكسرة. ومن ثم الواو أثقل من الألف والياء، وهذا يعود إلى أن الواو يختلف مخرجها عن مخرجيهما، فالواو حركة خلفية والألف والياء أماميان وارتفاع مؤخر اللسان يحتاج بذل جهد كبير يفوق الجهد

(١) ارجع إلى: سر صناعة الإعراب جـ ٣٢/١.
(٢) لهجة بنى كلاب ص ٣٥.

المبذول في حالة رفع أول اللسان، ولهذا السبب فإن الواو أثقل من الألف والياء[(١)].

والثقل في هذه الأصوات قد يكون سببا في قلبها أو حذفها أو نقل حركتها، ووقوع هذه الحركات على صوت يشاكلها يثقله، فالضمة تستثقل على الواو والكسرة تستثقل على الياء، فتنتقل حركة الحرف إلى الساكن قبله، فيقلب أو يحذف.

** ** ** **

(١) ارجع إلى الأشباه والنظائر جـ١/١٧٥، ١٧٦.ولهجة بني كلاب ص ٣٤ ، ٣٥.

صفات الأصوات العامة

(الأصوات الصامتة والصائتة)

توصف الأصوات في حالة النطق بصفات منها: الجهر والهمس، والشدة (الانفجارية) والرخاوة (الاحتكاكية) والإطباق والانفتاح وغير ذلك.

أولا - الجهر والهمس :

- الجهر: هو تذبذب الوترين الصوتيين خلال النطق بصوت معين، ويسمي الصوت مجهورا Sonora أو Voiced [1].

- الهمس: هو عدم تذبذب الوترين خلال النطق بصوت يوصف بأنه مهموس Soured أو Unvoiced [٢].

ونستطيع أن نتبين الفرق بين الحالتين لنتبين المهموس والمجهور من أصوات اللغة، فنضع أيدينا خلال النطق بالصوت (أو الحرف) على مقدم الرقبة، أو على الجبهة، أو على الصدر أو الأذنين، فهذه المناطق يتردد فيها صوت الرنين، وعند حدوث ذبذبة خلال النطق تحدث تأثيرها في هذه المواضع، ويحس من يلمسها بالاهتزاز نتيجة اهتزاز الوترين الصوتيين إذا كان الصوت مجهورا، فإن لم يجد اهتزازا أو رنينا كان الصوت مهموسا.

ومثال هذا مد صوت السين خلال النطق، ومد صوت الزاي في النطق، تجد رنينا في الزاي له صدي في الأذن أو الجبهة أو الصدر، ولا تجد هذا الرنين أو صدي له خلال نطق السين، وتوجد بالعربية الفصحى ثلاث عشرة وحدة صوتية مهموسة هي : ء ، ت، ث ، ح ، خ ، س ، ش ، ص، ط ، ف ، ق ، ك ، هـ ، وقد جمعتها فى قولى: " أتحث كطه شخصا فسق "، وفيها خمس عشرة وحدة صوتية مجهورة وهي: ب ، ج ، د ، ذ ، ر ، ز ، ض ، ظ ، ع،

---

(١) قال سيبويه: " فالمجهور: حرف أشبع الاعتماد عليه فى موضعه ومنع النفس أن يجرى معه ينقضى الاعتماد عليه ويجرى الصوت، فهذا حال المجهور فى الحلق والفم..." وهذا تصوير دقيق للاهتزاز الوترين دون ذكر للوترين لعدم علمه بهما فى الحنجرة. الكتاب جـ ٤٣٤/٤.

(٢) المهموس عند سيبويه - صوت أضعف الاعتماد فى موضعه حتى جرى النفس معه - الكتاب جـ ٤٣٤/٤.

غ ، ل ، م ، ن ، و ، ى[1]. بالإضافة إلى الصوائت الثلاثة (حركات المد: الألف، الواو، الياء)، واختلف القدماء مع المحدثين فى الهمزة والطاء والقاف فهى مجهورة عند سيبويه ولكن الدراسات الحديثة أثبتت أنها مهموسة[2].

ويوجد للصوت المهموس نظير مجهور مثل: ت : د ، ث : ذ ، ح : ع ، خ : غ ، س : ز ، ط: ض. وهذا ليس مطردا في الأصوات العربية لوجود بعض الأصوات المهموسة التي ليس لها نظير مجهور مثل: الهمزة ، والشين ، والصاد ، والفاء ، والقاف ، والكاف ، والهاء ، وجميعها مهموسة. وكذلك توجد بعض الأصوات المجهورة التي ليس لها نظير مهموس، وهي: الباء ، والجيم ، والراء ، واللام ، والميم ، والنون ، والواو، والياء ، والظاء ، وجميعها مجهورة[3].

ويطلق على الأصوات التي تشترك في معظم الصفات الصوتية، وتختلف في واحدة منها اسم الثنائيات الصغرى **Minimal pairs** .

ويمكن التفريق بين هذه الأصوات المتشابهة عن طريق الجهر والهمس ومثال هذا السين والزاي، صوت السين (في كلمة سور)، وصوت الزاي في كلمة زاد، نلاحظ عدم حدوث ذبذبات في الحنجرة في حالة نطق السين، بينما تحدث ذبذبات في حالة نطق الزاي، فالأول (س) مهموس والثاني (ز) صوت مجهور، وهما صوتان أسنانيان لثويان، والفرق بينهما في الجهر والهمس. ومثال هذا أيضا: صوت (ث) وصوت (ذ) صوتان احتكاكيان (لا يحبس النفس أثناء نطقها)، صوت الثاء مهموس، وصوت الذال مجهور، والصوتان أسنانيان أي من مخرج واحد. فهما أيضا من الثنائيات الصغرى.

---

(١) علم الأصوات، برتيل ص ١٠٩ ، ١٠١.
(٢) الكتاب، سيبويه جـ ٤٣٤/٤.
(٣) علم الأصوات، برتيل ص ١١ ، ١١٢.

والصوتان التاء (ت) والدال (د) من الثنائيات الصغرى، لأن الاختلاف بينهما ينحصر في صفة واحدة هي الجهر في مقابل الهمس، فالتاء مهموسة والدال مجهورة.. ولو أعطينا صفة الجهر للأصوات المهموسة التي تقع ضمن الثنائيات الصغرى لتحول الصوت المهموس إلى الصوت المجهور الذي يدخل معه في الثنائية الصغرى.

فلو أجهر صوت (التاء) لأصبح (دالا). ت ← د

ولو أجهر صوت (الثاء) لأصبح (ذالا). ث ← ذ

ولو أجهر صوت (السين) لأصبح (زايا). س ← ز

ومثل هذا في الإنجليزية صوت (b) الخفيفة، مجهور، وصوت (p) الثقيلة، مهموس، إذا أجهر صوت (p) تحول إلى صوت (b)، ومثل هذا أيضا صوت (F) مهموس، يقابله صوت (v) مجهور، وإذا أجهر صوت (F) أصبح في النطق مثل (v)[1] . وقد يكون الصوتان من مخرج واحد، ولكن ليس بينهما تقابل في الجهر والهمس، فصوت الباء، وصوت الميم مخرجهما واحد، وهو الشفتان، ولكن ليس بينهما تقابل في الجهر والهمس، لأن كليهما مجهوران.

وقد لا يوجد للصوت ما يقابله مثل صوت الباء صوت مجهور، ليس له في العربية صوت مهموس يقابله، مثل الإنجليزية التي يقابل فيها صوت (b) المجهور صوت (p) المهموس. وكذلك ليس لصوت الفاء المهموس مقابل مجهور في العربية خلافا للإنجليزية يوجد فيها صوت (F) المهموس يقابل صوت (v) المجهور[2].

ثانيا - الشدة والرخاوة :

<u>الشدة</u>: هي خروج الصوت فجأة في صورة انفجار للهواء عقب احتباسه عند المخرج، كما في نطق الباء، والتاء، والدال. وهو عند القدماء حبس تيار الهواء، فيمنع الصوت أن يجرى فيه[3].

<u>والرخاوة أو الاحتكاكية</u>: هي خروج الصوت مستمرا في صورة تسرب للهواء،محتكا بالمخرج، كما في نطق الثاء، والحاء، والزاي، وهى عند القدماء: أصوات أجرى فيها النفس

---

(١) الأصوات والنظام الصوتي (علم اللغة) ص٧٢، والصوتان: (ط) و (ض) من الثنائيات الصغرى، ويختلفان في الجهر والهمس، فصوت الطاء مهموس، وصوت الضاد مجهور.

(٢) الأصوات والنظام الصوتي (علم اللغة) دكتور بدوي ص٧٣. يلاحظ أن صوتي الضاد والطاء يشتركان في معظم الصفات، ويفترقان في الجهر والهمس، فصوت الضاد مطبق انفجاري، وصوت الطاء مطبق انفجاري، ولكن الضاد مجهورة، والطاء مهموسة.

(٣) الكتاب جـ ٤٣٤/٤، والأصوات الشديدة عند سيبويه: ء ، ق ، ك ، ج ، ط ، ت ، د ، ب.

وخرج معه الصوت دون تفجر[١].

وقد وضع سيبويه الضاد فى الأصوات الرخوة، وهى صفة تخالف نطقنا لها فهى شديد فى خطابنا، ولكن الضاد التى وصفها سيبويه بأنها من أول حافة اللسان وما يليها من الأضراس، ووصف الضاد الضعيفة بأنها من جانبية من حافة اللسان، وليس فيهما منع النفس[٢].

ويطلق أيضا على النوع الأول الأصوات الانفجارية المنفوسة Aspirate، ويطلق على النوع الثاني الأصوات غير المنفوسة Unsprayed Stops. ويمكنك اختبار نوع الصوت عمليا بوضع وريقة (تصغير ورقة) في كفك، وقربها من فمك ثم انطق بكلمة " تكلم "، فسوف تلاحظ أن الوريقة تحركت قليلا بسبب نفخة الهواء التي صاحبت نطق صوت الكاف في تكلم وتوصف كذلك الأصوات من ناحية القوة بأنها شديدة انفجارية أو احتكاكية مهموسة، ويعتمد هذا الوصف على معرفة مخرج الصوت، وكيف يسمع الصوت أو كيف ينطق. أي ملاحظة أدائه صوتيا ووضوحه فى النطق. ويسمع حين النطق بهذه الأصوات انفجار خفيف ناتج عن اندفاع الهواء المنحبس خلف مخرج الصوت، ومثل: (ح ، ث ، ص) لا يسمع في أدائها انفجارا؛ لأن الهواء لا يحجزه عضو من أعضاء النطق أثناء نطقها حجزا تاما.

وتختلف نسبة الوضوح السمعي للصوت تبعا لاختلاف المجري الذي يسلكه الهواء الخارج عبر التجويف الفموي عن نطق الصوت، فقد يحبس الهواء حبسا كاملا، وقد يمر دون عائق، ويلاحظ هذا في نطق صوت الهمزة يحبس الهواء في الحنجرة بعد أن أغلقت فتحة المزمار بفعل الوترين الصوتيين، ويحبس الهواء في نطق الكاف عند التقاء مؤخر اللسان بالطبق، وحين ينفرج هذا الالتقاء يسمح صوت شبيه بالانفجار، ولكن تنطق الشين بلا انفجار؛ لأن الهواء لا يحبس في نطقها، ويطلق على الصوت الذي يحبس فيه الهواء ثم يطلق صوت انفجاري، ويطلق على الصوت الذي يمر فيه الهواء دون حبس صوت احتكاكي، لأنه يحتك بعضو

(١) الكتاب جـ ٤٣٤/٤، ٤٣٥، والأصوات الرخوة: هـ ح ، غ ، ش ، ص ، ض ، ز ، س ، ث ، ذ ، ف.

(٢) الكتاب جـ ٤٣٢/٤ الضاد القديمة تخرج من الشدق وهى مطبقة، فهى تشبه الظاء فى تسرب الهواء من جانب الأضراس مثل اللام وليس لها هذا النطق فى الخطاب المعاصر، وقد وصف سيبويه الضاد التى سمعها من بعض الأعراب. والضاد عند الخليل شجرية (من مفرق الفم)، العين جـ ٥٨/١.

النطق المختص به فقط دون حبس الهواء عنده. ومجري الهواء يأخذ أوضاعا مختلفة أثناء النطق بالأصوات الاحتكاكية، فهو يضيق ويتسع بدرجات متفاوتة، فيسمع للصوت احتكاك أشبه بالحفيف مرة وبالصفير مرة أخري، ويتبين هذا من نطق أصوات الحاء والسين والهاء والشين، والصاد، وهي أصوات احتكاكية يسمح بمرور الهواء خلال نطقها، فالأصوات الصامتة الاحتكاكية لا يتم فيها إغلاق مجري النفس كاملا في نقطة من التجويف الفموي، فالصوت الاحتكاكي ينطق بتضييق مجري الهواء في نقطة من التجويف الفموي، وتختلف هذه المسافة التي وقع بها التضييق باختلاف الصوت، فمجري الهواء يتكيف مع الصوت، فيخرج بالصفة التي ننطقه بها[1]. فمنع الهواء من المرور بالتقاء العضو الصوتي المتحرك بالعضو الثابت ينتج عنه صوت انفجاري، ومرور الهواء حرا طليقا أو تعديل مروره دون حبسه حبسا كاملا ينتج عنه صوت احتكاكي[2].

وإذا أردنا وصف صوت ذكرنا موضع نطقه من الجهاز الصوتي، ثم ذكرنا كيفية أدائه صوتيا أو نسبة وضوحه في السمع، فصوت الباء: صوت شفتاني انفجاري، وصوت الفاء شفهي أسناني (الشفة السفلي والأسنان العليا) احتكاكي، وصوت الكاف: قصي طبقي (مؤخر اللسان والطبق) انفجاري. وصوت السين ذلقي لثوي (ذلق اللسان واللثة) احتكاكي. والذال: أسناني أو بين أسناني (ذلق اللسان والأسنان العليا والسفلي) احتكاكي.

ثالثا - الإطباق والانفتاح :

الأصوات المطبقة هي: الصاد ، والضاد ، والطاء ، والظاء والأصوات المنفتحة: هي كل ما سوى ذلك من الأصوات؛ لأنك لا تطبق لشيء منها لسانك، بل ترفعه إلى الحنك

---

(١) ارجع إلى: علم اللغة، دكتور كمال بدوي ص ٦١ ، ٦٢ ، ٦٣. وقد يتأثر الصوت بما جاوره من أصوات، فيحدث هذا التأثير تغييرا في المخرج والصفة، فالأصوات الشديدة تتأثر بالأصوات المهموسة، والعكس قد يحدث.

(٢) ارجع إلى: علم اللغة الدكتور كمال بدوي ص ٥٣ ، ٥٤ ويطلق على الانفجارات مصطلح الوقفات Stops ويشير إلى قفل مجري الصوت قفلا كاملا أو غلقه تماما، ويطلق على مصطلح الاحتكاكات مصطلح الاستمراريات Continuants وهو عدم غلق مجري النفس بل يسمح بمرور النفس في حدود نطق الصوت، فمجري الهواء يضيق، ويتسع باختلاف الطبيعة النطقية للصوت الاحتكاكي، فمجري الهواء يتكييف مع نطق الصوت.

الأعلى[1].

فإن لسانك المنقعر الذي أخذ شكلا طبقيا (يشبه الطبق) ينطبق إلى ما حاذى الحنك الأعلى من اللسان في حالة النطق بصوت من الأصوات الأربعة المطبقة (ص ، ض ، ط ، ظ) التي تحصر في نطقها بين اللسان والحنك، ولولا هذا الوضع في النطق (وهو التقعر في اللسان) لا نقلب كل صوت منها إلى ما يناظره من الأصوات غير المطبقة: ص : س، ط : ت ، ض : د ، ظ : ذ.

والإطباق له معنيان عند علماء الأصوات:

المعنى الأول: جذب المخرج الغاري في اتجاه الطبق، وهو بهذا يعد عملية عكسية للتغوير، كما يحدث للجيم والشين عند مجاورتهما ضمة (جملة – شعبة) وكما يحدث للكسرة حين تجاور صوتا طبقيا أو مطبقا (ضد - طب).

والمعنى الثاني: ارتفاع مؤخرة اللسان إلى أعلى قليلا في اتجاه الطبق وتحركه إلى الخلف قليلا في اتجاه الحائط الخلفي للحلق، وتصحب هذه العملية في اللغة العربية نطق الصاد والضاد والطاء والظاء التي لها مقابلات غير مطبقة، وهي السين، والدال، والتاء، والذال.

وبعض العلماء يسمى ظاهرة الإطباق Valorization بظاهرة التحليق Pharyngalization، وذلك لأن حركة اللسان التي تصاحبها ترتفع إلى أعلى قليلا[2].

ولقد عرفت العربية مجموعة من الأصوات يظهر أثرها في السمع مفخما وبعضها يسمع مرققا، فنحن ننطق صوت الطاء، ونحس أنه أغلظ من نظيره (التاء) فنصف الطاء بالتفخيم، ونصف التاء بالترقيق.

والتفخيم ناشئ عن وضع عضوي ينطبق فيه اللسان على الحنك الأعلى آخذا شكلا مقعرا، فتكون النقطة الأمامية من اللسان هي مخرج الصامت المرقق (مثل: التاء)، وتكون النقطة الخلفية مصدر التفخيم في حالة الإطباق، (مثل: الطاء، والظاء، والصاد، والضاد)، وهي الأصوات الطبقية في العربية.

---

(١) كتاب سيبويه جـ ٤ / ٤٣٦.
(٢) دراسة الصوت اللغوي. ص ٣٢٦.

فصوت الصاد يتحقق بوضع اللسان في جزئه الأمامي موضع السين، ثم يرتفع جزؤه الخلفي، ليأخذ اللسان شكلا مقعرا، فتكون الصاد .

وصوت الطاء يبدأ من نقطة التاء، ثم يطبق اللسان بشكله المقعر على الحنك الأعلى لتكون الطاء[١].

وصوت الظاء: يبدأ من بين الأسنان حيث يكون مخرج الذال، ثم يتقعر اللسان مرتفعا إلى الحنك الأعلى لتكون الظاء.

وصوت الضاد: يبدأ من مخرج الدال، ويأخذ اللسان شكله المقعر مطبقا على الحنك الأعلى لتكون الضاد، وتشترك الضاد المعاصرة مع القديمة فى التفخيم، ولكن المحدثين يخرجون الضاد من مخرج الدال غير أن الأخيرة مرققة، والقدماء يرون أن الضاد من الشدق الأيمن أو الأيسر أو منهما معا فهى جانبية من حافة اللسان ورخوة[٢]، ويتحقق بهذا أربعة أزواج من الأصوات، في اللغة العربية المعاصرة، وهي :

١- س (مرقق) يقابل الصاد (مفخم).

٢- ت (مرقق) يقابل الطاء (مفخم).

٣- د (مرقق) يقابل الضاد (مفخم).

٤- ذ (مرقق) يقابل الظاء (مفخم).

ويرى بعض العلماء أن العربية القديمة لم يكن بها سوى ثلاثة أزواج فقط منها، وهي: س: ص / ذ : ظ / د : ط. فلم يكن لصوت الضاد المطبق صوت مقابل مرقق؛ لأن صوت الضاد القديم، أو كما وصفة القدماء يختلف عن صوت الضاد المعاصر، فالصوت القديم كان رخوا، والصوت المعاصر شديدا. والقديم كان جانبيا ينطق من أحد الشدقين، والصوت المعاصر أمامي (أسناني لثوي)، فصوت الضاد القديم يشبه الظاء، أو يلتبس بها في نطق بعض المناطق بالجزيرة العربية والعراق، لأنه قريب في كثير من الوجوه منه.

(١) علم الأصوات ص ١١٥.

(٢) العين جـ ٥٨/١، وكتاب سيبويه جـ ٤٣٤/٤ ، ٤٣٥، والمقتضب للمبرد جـ ٣٢٦/١، وسر صناعة الإعراب جـ ٥٢/١.

لقد تبين لنا أن الضاد حسب نطقنا لها الآن تعد المقابل المفخم للدال، أي أنها صوت شديد مجهور مفخم، ينطق بنفس الطريقة التي تنطق بها الدال، مع فارق واحد هو ارتفاع مؤخرة اللسان نحو الطبق في النطق بصوت الضاد، وعلى هذا، فالضاد هي المقابل المطبق للذال، وتوهم بعض الباحثين أن الضاد الفصيحة التى قرأ بها القراء القرآن الكريم، تخالف ضادا قديمة تختلف عن الضاد القرآنية، فردوا القراءة بها مخالفين القراءة المتواترة، والقراءة سنة متبعة، والضاد المخالفة للقراءة وقعت فى لهجات العرب فوصفها القدماء فتوهم المحدثون أن الضاد القرآنية تطور لها، فجوزوا القراءة بها، والضاد القرآنية لم يقع فيها اختلاف لتواتر القراءة بها، ولم يختلف القدماء فيها بل اختلفوا فى وصف نطق العرب لهذا الصوت.

بيد أننا إذا نظرنا إلى وصف القدماء لها من النحويين واللغويين وعلماء القراءات، عرفنا أن الضاد القديمة التى وقعت فى لهجات العرب تختلف عن الضاد التي ننطقها الآن في أمرين جوهريين :

* أولهما - أن الضاد القديمة ليس مخرجها الأسنان، واللثة، بل حافة اللسان أو جانبه من منطقة الشدق.

* ثانيهما - أنها لم تكن اانفجارية (شديدة)، بل كانت صوتا احتكاكيا (رخوا)(١). فقد صنفها الخليل ضمن الأصوات الغارية " ثم الجيم والشين والضاد في حيز واحد "(٢). وقال سيبويه " في مخرجها ومن بين أول حافة اللسان وما يليها من الأضراس مخرج الضاد "(٣). واتفق معه ابن جني في المخرج، فقال: " من أول حافة اللسان وما يليها من الأضراس، مخرج الضاد، إلا إنك إن شئت تكلفتها من الجانب الأيمن وإن شئت من الجانب الأيسر "(٤). وقال المبرد: " مخرج الكاف وبعدها مخرج الشين، ويليها مخرج الجيم، ويعارضها (أي الجيم)، الضاد، ومخرجها الشدق، فبعض الناس تجري له في الأيمن، وبعضهم تجري له في الأيسر "(٥).

---

(١) العين جـ ٦٤/١.
(٢) المدخل إلى علم اللغة ص ٦٢ ، ٦٣.
(٣) كتاب سبيويه جـ ٤٣٣/٤.
(٤) سر صناعة الإعراب جـ٥٢/١.
(٥) المقتضب، أبو العباس محمد يزيد المبرد، والمجلس الأعلى للشئون الإسلامية جـ٣٢٨/١ ، ٣٢٩.

هذا عن المخرج أما عن صفة الضاد القديمة، فقد صنفها سيبويه ضمن الأصوات الرخوة، فقال: " ومنها الرخوة، وهي: الهاء، والحاء، والغين، والخاء، والشين، والصاد، والضاد، والزاي، والسين، والظاء، والثاء، والذال، والفاء، وذلك إذا قلت الطس وانقض، وأشباه ذلك أجريت فيه الصوت إن شئت"[١]، فالضاد القديمة رخوة أو مهموسة فلا نظير لها منفتحا بين الأزواج الصوتية التي يقابل فيها الصوت المطبق نظيره في الأصوات المنفتحة التي تشترك معه في المخرج قال: " ولولا الإطباق لصارت الطاء دالا، والصاد سينا، والظاء ذالا، ولخرجت الضاد من الكلام، لأنه ليس شيء في موضعها غيرها "[٢] فالضاد القديمة لا نظير لها في الأزواج التي ذكرناها، وهذا وصف الضاد التى وقعت فى كلام الناس زمن الخليل ١٧٥هـ وتلميذه سيبويه ت ١٧٥هـ.

ونصل من هذا أن الضاد التي نطق بها القدماء ليست هي الضاد التي تنطق بها اليوم، فالضاد الحديثة تطورت في النطق عن الضاد القديمة التي وصفت بها العربية بأنها لغة الضاد. والتي وصفها بعض علماء اللغة بأن مخرجها مخرج الظاء، أو اللام، من حافة اللسان اليمنى أو اليسرى أو كليهما معا، فمخرجها قريب من مخرج اللام من بعض الوجوه، فالفرق بينها وبين اللام أن الضاد صوت مطبق كالصاد، ومن ذوي الدوى (احتكاكي أو رخو). واللام صوت غير مطبق، مجهور. وأقرب الأصوات نطقا منها صوت الظاء، فالضاد القديمة ذات زائدة انحرافية، فطرف اللسان فيها يقترب من الثنايا كما في النطق بالظاء، ويجري النفس خلال نطقها من جانبي اللسان، لا من طرفه كما هو الحال في نطق الضاد المعاصرة، التي تخرج من موضع طرف اللسان مع اللثة، ويصنف ضمن الأصوات الانفجارية، ولهذا فهو المقابل المطبق لصوت الدال، والضاد التى وقعت فى أداء القراء هى التى كانت زمن الوحى ونزل بها، وتشاكل لسان قريش الذى نزل به القرآن الكريم.

فالعربية التى تكلم بها الأولون ليست هى العربية التى تكلم بها العرب على عهد النبى صلى الله عليه وسلم ، والعربية زمن النبوة اختلفت عن العربية زمن التدوين فى القرن الثانى وما بعده، وذكر هذا محمد بن سلام ونقله عنه السيوطى، ويريد بذلك اختلاف مستويات اللغة وما يصيبها

---

(١) كتاب سيبويه جـ ٤ / ٤٣٤ ، ٤٣٥.
(٢) كتاب سيبويه جـ ٤ / ٤٢٦.

من تطور، وعلى هذا فسر العلماء قول الخليل فى اختلاف لسان حمير وأقاصى اليمن، والعلماء وصفوا الضاد فى الخطاب اليومى وتطورها فيه ولم يخطئ القراء فى نطق الضاد؛ و الله أعلم[١].

وقد وقع تطور آخر في صوت الطاء المفخمة، فهي تنطق في ألسنة بعض العوام تاء، ووقع مثل هذه في كل صوت مطبق ونظيره المنفتح في كثير من الكلمات، فكلمة السراط جاءت في بعض اللهجات الصراط، والزراط. قال العكبري: " والسراط بالسين هو الأصل؛ لأنه من سرط الشيء، وسمى الطريق سراطا لجريان الناس فيه كجريان الشيء المبتلع، فمن قرأه بالسين جاء به على الأصل، ومن قرأه بالصاد قلب السين صادا لتجانس الطاء في الإطباق، والسين تشارك الصاد في الصفير والهمس، فلما شاركت الصادفي ذلك قربت منها، فكانت مقاربتها لها مجوزة قلبها إليها لتجانس الطاء في الإطباق، ومن قرأ بالزاي قلب السين زايا؛ لأن الزاي والسين من حروف الصفير، والزاي أشبه بالطاء، لأنهما مجهورتان، ومن أشم الصاد زايا قصد أن يجعلها بين الجهر والإطباق "[٢]. وهذا من أثر مجاورة الأصوات وتأثيرها في بعضها، وصارت الظاء زايا فى نطق العامة، يقولون: زهر فى ظهر وبعضهم يقول: دهر، ويقلبون الضاد دالا، والصاد سينا، وهذا لحن لا يعتد به.

التوسط : وهو الحال الوسط بين الشديدة والرخاوة، وهو عبارة عن خروج الصوت دون انفجار، أو احتكاك عند المخرج، والأصوات المتوسطة أربعة، وهي: اللام، والنون، والميم، والراء، ويطلق على هذه المجموعة وصف " الأصوات المائعة ".

التركيب : كون الصوت مزيجا من الشدة والرخاوة (من الانفجار والاحتكاك)، وهو وصف لا ينطبق إلا على صوت الجيم التى تعرف فى عرف العوام بالجيم المعطشة، ويسمى الصوت المزدوج، ويتم نطقه بأن يرتفع مقدم اللسان في اتجاه الغار، فيلتصق به، وبذلك يحجز الهواء وراءه، ثم يزول هذا الحاجز ببطء، فلا يفتح فجأة، ولا يترك مفتوحا، ويترتب على هذا خروج الهواء بطيئا، فيحدث احتكاك شبيها بالذي نسمعه من صوت الشين المجهورة " ج " في روج، وقد بدأ الصوت في أوله دالا ثم انتهى شينا مجهورة (ج).

(١) ارجع إلى: طبقات فحول الشعراء، محمد بن سلام، س٥/١ والمزهر للسيوطى جـ٣٣/١.
(٢) إملاء ما من به الرحمن، دار الشام للتراث ص٧.

والازدواج يعني أن يبدأ الصوت باحتباس الهواء بين وسط اللسان، وما يوازيه من الحنك الأعلى (الغار) بما يشبه البدء بصوت الدال، ثم ينفرج فجأة محدثا احتكاكا، وبذلك أصبح صوت الجيم شبيها بصوتين مركبين، ويرمز له في الكتابات الأجنبية برمزين هما (dj)، فالرمز (d) لقيمة الشدة، والرمز (j) لقيمة الرخاوة[1].

وتوجد بعض الأصوات المركبة في اللغات الأجنبية تعرف بالصوامت المركبة Affriquees مثل: Child (طفل) ، وهو تقريبا " tch "، ومثل Chair : كرسي، وهو نوع من التركيب بين النموذج الانغلاقي الشديد، والنموذج الاحتكاكي.

توزع الوحدات الصوتية العربية على النحو الآتي:

- أصوات شد يدة، وهي: ء ، ب ، ت ، د ، ض ، ط ، ق ، ك .
- أصوات رخوة، وهي: ث ، ذ ، ظ ، ح ، ع ، هـ ، خ ، غ ، ش، س ، ز ، ص.
- أصوات متوسطة، وهي : ر ، ل ، م ، ن ، ويدخل معهم الواو والياء الصامتان (المتحركان).
- مركبة، وليس منها في العربية إلا الجيم الفصحى.

وتعالج الصوائت (ا،و،ي) ضمن الحركات الطويلة أو حركات المد.

التفخيم : معناه ارتفاع مؤخرة اللسان إلى أعلى قليلا في اتجاه الطبق اللين، وتحركه إلى الخلف قليلا في اتجاه الحائط الخلفي، ولذلك يسميه بعض علماء أصوات "الإطباق" Velarization بالنظر إلى الحركة العليا للسان، ويسميه بعضهم التحليق Pharyngalization، بالنظر إلى الحركة الخلفية للسان.

ويمكن تقسيم الأصوات المفخمة في اللغة العربية على ثلاثة أنواع :

أ - أصوات كاملة التفخيم، أو مفخمة من الدرجة الأولى، وهي الصاد والضاد والطاء والظاء وهى تفخم فى كل المواضع فلا ترقق وقد تناولناها فى الإطباق، فارجع إليها.

---

(١) علم الأصوات ص ١١٤ ، ١١٥.

ب- أصوات ذات تفخيم جزئي، أو مفخمة من الدرجة الثانية، وهي الخاء والغين والقاف، وتنطق هذه الأصوات مفخمة بسحب اللسان إلى الخلف ورفع مؤخرة تجاه أقصى الحنك، وهذه الأصوات الثلاثة تقوم في كثير من الأحيان قياما جزئيا بوظيفة الأصوات المفخمة، حيث تصبح الألوفونات (جزء من أجزاء الفونيم) المجاورة لها في تتابعات معينة من ذلك النوع الذي ينتج تحت تأثير الأصوات المفخمة، وقد سميت هذه الظاهرة شبه التفخيم Semi Emphasi[1].

جـ- صوت يفخم في مواقع،ويرقق في مواقع وهو الراء[٢].

د- صوت يفخم فى لفظ واحد، وهو اللام يفخم فى لفظ الجلالة (الله) فقط إن لم يكسر ما قبله.

وقد استخلص الدكتور إبراهيم أنيس ضوابط عامة في تفخيم الراء وترقيقها وهي:

١- تفخم الراء المفتوحة في كل المواضع إلا إذا سبقها كسرة أو ياء مد فهي تفخم في: صبروا ، وفي مثل: الرحمن. وترقق في مثل: ﴿لم يكن الله ليغفر لهم﴾[١٦٨: النساء]. و ﴿فقد خسر خسرانا مبينا﴾[١١٩: النساء] مرققه في خسر. ومثل: ﴿وإنها لكبيرة إلا على الخاشعين﴾[٤٥ : البقرة].

٢- ترقق الراء المكسورة مطلقا مثل: رزق، رجس.

٣- تفخم الراء الساكنة إذا سبقها فتح مثل: يرجعون.

٤- ترقق الراء إذا سبقها كسر مثل: فرعون، إلا إذا وليها صوت استعلاء (ص ، ض ، ط ، ظ ، ق ، غ ، خ). مفخم مثل: قرطاس.

ورأي الدكتور أنيس أن حكم الراء المضمومة أو الساكنة وقبلها ضم غامض لا يكاد

---

(١) الألوفون هو جزء من أجزاء الفونيم، هو عبارة عن الظاهرة الصوتية التي تطرأ علي الأصوات، وتؤثر في طريقة أدائها صوتيا، وتنتج عن تأثير تجاور الأصوات، فيؤدي إلي إحداث تغير في بعض صفاتها.

(٢) الأصوات اللغوية ص ٦٥.

يهتدي فيه إلى رأي عما يسمعه من أفواه القراء[1]، وتفخيم الراء موجود في العربية قديما وحديثا.

واستخلص الدكتور أنيس كذلك قواعد تفخيم اللام من أفواه القراء وعلماء العربية؛ ورأي أن اللام نوعان مرققة ومغلظة، والأصل فيها الترقيق، ولا يجوز الرجوع عن هذا الأصل عند جمهور القراء إلا بشرطين :

١- أن يجاور اللام أحد أصوات الاستعلاء (ولاسيما الصاد، والطاء، والظاء) ساكنا أو مفتوحا.

٢- أن تكون اللام نفسها مفتوحة، مثل: ﴿وما قتلوه وما صلبوه ولكن شبه لهم﴾[١٥٧: النساء]، ﴿سيصلى نارا ذات لهب﴾[٣ : المسد]، ﴿ سلام هي حتى مطلع الفجر﴾[٥ : القدر].

وقد أجمع الجمهور على تغليظ اللام في اسم الجلالة إلا إذا كان يسبقها كسرة نحو: (بسم الله)[2]، وشرطوا في تفخيم اللام أن تسبق بمفتوح أو مضموم يقال فضل الله، والرزق من الله.

والتفخيم في اللام ناشئ كذلك عن ارتفاع مؤخر اللسان نحو الحنك الأعلى، كما في الأصوات المطبقة[3].

وتوجد علاقة بين المطبق والمفخم، فكل مطبق مفخم، وكذلك توجد علاقة بين المنفتح والمرقق فكل منفتح مرقق، وهذا لا يعني التطابق أو الترادف بين كل زوجين من هذه المصطلحات فبينها فروق، فالفرق بين الإطباق والتفخيم، أن الإطباق وصف عضوي للسان في شكله المقعر المطبق على سقف الحنك، وأن التفخيم: هو الأثر السمعي الناشئ عن هذا الإطباق، فالإطباق وصف العضو اللساني في حالة النطق، والتفخيم وصف الصوت نفسه، وكذلك الانفتاح وصف حالة العضو في حالة نطق الأصوات التي لا تنطبق فيها اللسان،

(١) نفسه ص ٦٥.
(٢) الأصوات اللغوية ص ٦٤.
(٣) علم الأصوات ص ١١٩.

الترقيق وصف الصوت الذي ينطق في حالة كون العضو (اللسان) منفتحا[1].

وقد يكون التفخيم سمة تمييز بين الوحدات الصوتية مثل الثنائيات الصوتية الصغرى التي تتشابه في معظم صفاتها مثل: س : ص، ت : ط، ذ: ظ ، د : ض فالتفخيم هو السمة الأساسية لتمييز الأصوات المطبقة المفخمة (ص، ض ، ط ، ظ) عما يناظرها من أصوات تنطق مثلها إذا انعدام فيها التفخيم. وقد لا يؤثر التفخيم أو وعدمه في علاقة الصوت بغيره من الأصوات. مثل: اللام ، والراء ، لأنهما ليسا من الثنائيات التي تلتبس في النطق بغيرها[2].

الأصوات المستعلية : هي الأصوات المطبقة (ص ، ض ، ط ، ظ)، والاستعلاء صفة لبعض الأصوات الخلفية، وهي: القاف والغين والخاء. وهي الأصوات التي يرتفع اللسان بجزئه الخلفي نحو اللهاة؛ ليخرج الصوت غليظا مفخما، ولكن دون مبالغة في تغليظ النطق.

الاستفال : وهو وضع اللسان يكون فيه أسفل في قاع الفم، وذلك في بقية الأصوات المرققة. والأصوات المستعلية تأتي في مقابل الأصوات المستفلة، والأصوات الخلفية المستعلية (ق ، غ ، خ) تتأثر بما يليها من حركات أمامية فيضعف فيها أثر التفخيم قليلا أو كثيرا، وقد لا يضر هذا في حالة النطق بالغين والخاء في مثل: غبت وخفت، لأن الكسرة تشد الصامت قبلها إلى قبيل مخرجها في الغار، فيصيبه بعض الترقيق، ولكن القاف إذا تقدم مخرجها صارت كافا، كما هو شائع على ألسنة بعض العوام والأطفال الذين ينطقون القاف كافا، مثل " الكاهرة "[3].

أصوات الصفير : هي الأصوات التي يضيق خلال نطقها مجرى هذه الأصوات ضيقا شديدا عند مخرجها، فتحدث عند النطق بها صفيرا عاليا، ولا يشركها في نسبة علو هذا الصفير غيرها من الأصوات.

---

(١) ارجع إلى علم الأصوات ص ١١٧.

(٢) علم الأصوات ص ١١٩ الراء أو اللام مفخمة أو مرققة وحدة صوتية واحدة فلا نظير صوتي لهما تتحولان إليه، خلافا لصاد التي تنقلب في حالة الترقيق سينا.

(٣) علم الأصوات ص ١١٨. والأصوات المستعلية هي الأصوات المطبقة (ص ، ض ، ط ، ظ) بالإضافة إلى الأصوات الخلفية: ق ، غ ، خ.

وهي عند القدماء السين، الزاي، الصاد، ولكن المحدثين من علماء الأصوات يجمعون كل الأصوات التي تحدث في نطقها ذلك الحفيف أو الصفير عاليا كان أو منخفضا في صعيد واحد، وهي عند المحدثين: ث ، ذ، ز ، س ، ش ، ص ، ظ ، ف. وهي على هذا تختلف في نسبة وضوح صفيرها، وأعلاها صفيرا: السين، والزاي، والصاد، وقد أطلق عليها القدماء أصوات الصفير، وهي عند علماء الأصوات الأسلية.

وإذا أدركنا أن هذا الصفير ليس إلا نتيجة ضيق المجرى عند مخرج الصوت عرفنا أن المجرى عند مخرج: الثاء، والذال، والزاي، والسين، والشين، والصاد، والظاء، والفاء تختلف نسبة ضيقه تبعا لعلو الصفير مع كل منها. وعلى قدر ضيق المجرى عند المخرج، يكون علو الصفير ووضوحه. وأضيق ما يكون مجرى الهواء عند النطق بالسين، والزاي، والصاد، التي وصفها العلماء بأنها أسلية نسبة إلى مخرجها(١).

صوت التفشى : وهو الذي يشغل اللسان أثناء النطق به مساحة أكبر ما بين الغار واللثة، وهو وصف صادق على الشين، ولولا التفشي لصارت الشين سينا، كما يحدث لدى بعض ذوي العيوب النطقية ولا سيما الأطفال الذين لا يجدون عناية ممن حولهم من الكبار(٢)، والتفشى فيها يعنى انتشار الهواء فى الفم فيحدث احتكاكا من توزيعه على جانبى اللسان مع حواف الأضرس الداخلية.

والشين : صوت رخو مهموس عند النطق به يندفع الهواء من الرئتين مارا بالحنجرة، فلا يحرك الوترين الصوتيين، ثم يتخذ مجراه في الحلق ثم الفم مع مراعاة أن منطقة الهواء في الفم عند النطق بالشين أوسع منها عند النطق بالسين(٣)، وذلك أن اللسان يكون محكما على الأضراس فى السين ويتراجع عنها قليلا فى الشين.

الاستطالة : أن يستطيل مخرج الصوت حتى يتصل بمخرج آخر وهي صفة صوت الضاد العربية القديمة، وهو صوت رخو يخرج مما بين جانبي اللسان، وبين ما يليه من الأضراس، سواء من يمين اللسان أو من شماله أو من الجانبين. والأكثر من اليمين، وهذا المخرج القديم

(١) الأصوات اللغوية ص ٧٤ ، ٧٥.
(٢) علم الأصوات ص ١٢٠.
(٣) الأصوات اللغوية ص ٧٧.

كان يستطيل حتى يتصل بمخرج اللام الجانبية، ولهذا نطقها بعض الأفارقة لاما، وقد نطقت في بعض لهجات العرب ذالا، ولاما، ونطقت ظاء في مثل: ضنين: ظنين، وتبدل كذلك زايا مثل أوفاض: أوفاز[1]. وينطقها المسلمون غير العرب دالا، ومتعلمو العربية من بعض الأسيويين ينطقونها زايا يقولون: بعز فى بعض.

** ** ** **

(١) ارجع إلى: المدخل إلى علم اللغة ص ٦٩ وما بعدها.

المماثلة الصوتية

Assimilation

المماثلة تأثر الأصوات بما جاورها من الأصوات الأخرى، فتنقلب إلى جنس الصوت الذي تأثرت به أو تنقلب إلى صوت مقارب له في الجهر أو الهمس أو الاحتكاك أو الانفجار أو في صفة الأنفية أو تتأثر بمخرج، وتقع المماثلة عندما يتعاقب صوتان وتنتقل بعض خصائص أحدهما للآخر، ويقع هذا التماثل في الخطاب المنطوق تخفيفا للنطق وتيسيرا لسهولته والسرعة في الأداء، وتجاور الأصوات المتماثلة في المخرج والصفة، وينعكس ذلك على اللغة المكتوبة[1].

فالمماثلة نوع من الانسجام الصوتي يتأثر الصوت فيه بما قبله، أو بما بعده من أصوات، فالأصوات يتأثر بعضها ببعض عند النطق بها في الكلمات والجمل، فتتغير مخارج بعض الأصوات أو صفاتها، لكي تتفق في المخرج أو في الصفة مع الأصوات الأخرى التى تجاورها في الكلام، فينتج عن ذلك نوع من التوافق أو الانسجام بين الأصوات المتنافرة في المخارج أو في الصفات، فأصوات اللغة تختلف فيما بينها في المخارج، والشدة والرخاوة، والجهر والهمس، والتفخيم والترقيق، فإذا اجتمع في الكلام صوتان من مخرج واحد أو من مخرجين متقاربين، وكان أحدهما مجهورا والآخر مهموسا مثلا، حدث بينهما شد وجذب كل واحد منهما يحاول أن يجذب الآخر من ناحيته ويجعله يتماثل معه في صفاته كلها، أو في بعضها[2]. وتأثر الصوت بما جاوره يقع على وجهين :

١- تأثر رجعي Regressive: وهو تأثر الصوت بالصوت الذي يليه أو تأثر الصوت الأول بالثاني أو تأثير الثاني في الأول، فيصير الأول إلى الثاني أو يكون قريبا منه.

٢- تأثر تقدمي Progressive: وهو تأثر الصوت بالصوت الذي يسبقه أو تأثر الثاني

---

(١) ارجع إلى: معرفة اللغة، جورج برتيل ص٧٠، والأصوات والنظام الصوتي (علم اللغة) الدكتور بدوي ص ٨٣، وارجع إلى: الفصل الذي كتبه الدكتور إبراهيم أنيس رحمة الله عن التماثل في كتابة الأصوات اللغوية، مكتبة الأنجلو ط١٩٩٠م ص١٧٩ - ٢٠٧.

(٢) ارجع إلى: الأصوات اللغوية للدكتور إبراهيم أنيس ص١٨٠، والتطور اللغوي، الدكتور رمضان عبد التواب، مكتبة الخانجي ط ٢ / ١٤٠٠ هـ ، ١٩٩٠ م ص ٣٠.

بالأول أو تأثير الأول في الثاني، فيصير الثانى إلى الأول أو يكون قريبا منه.

ومن أمثلة التأثر الرجعي النون في كلمة " ينفع " تعد النون من أكثر الأصوات تأثرا بما بعدها من أصوات حيث يكثر انتقال مخرجها إلى مخرج الصوت التالي لها، فالنون صوت لثوي، ولكنه في " ينفع " تأثر بالصوت الذي يليه (الفاء) في النطق، فأصبح صوتا شفهيا أسنانيا، فالفاء صوت شفهي أسناني. وصوت النون في مثل: ينظم ينطق مطبقا متأثرا بصوت الظاء الذي يليه، وهو صوت مطبق.

وهذا التأثر يسمى بالتأثر الرجعي، لأن الصوت الأول تأثر بالثاني الذي يليه.

ومن أمثلة التأثر التقدمي : صيغة افتعل من الأفعال الآتية دعا، ذكر، زاد، هي: ادتعي - اذتكر - ازتاد ، ولكن صوت التاء المهموس تأثر بالصوت السابق عليه، وهو في " دعا " صوت الدال، وهو صوت مجهور، ومثله صوت الذال في " ذكر "، وصوت " الزاي " في زاد" مجهوران، وقد اجتمعت الأصوات الثلاثة المجهورة مع التاء المهموسة، فتأثر صوت التاء المهموس بالمجهور الذي قبله، فأجهرت التاء، فأصبحت صوتا من جنس ما قبلها، فصارت اددعى، ثم أدغمت الدال في الدال فصارت: ادعى وقلبت التاء دالا فى ازتاد: ازداد تأثرا بالزاى المهموسة، وقد وقع هذا التأثر في مدكر من قوله تعالى: ﴿فهل من مدكر﴾[القمر:٣٢] (مدكر) بالدال، وأصلة الذال والتاء، ويقرأ بالذال مشددا[١]، ومثله قوله تعالى: ﴿مجنون وازدجر﴾ [القمر: ٩] الدال بدل من التاء؛ لأن التاء مهموسة والزاى مجهورة، فأبدلت صوتا مجهورا يشاركها في المخرج والجهر وهو الدال[٢]. والتاء عندما تجهر تقلب دالا، وكذلك الدال عندما تهمس تقلب تاء.

والمماثلة من ناحية الحدوث نوعان :

المماثلة التامة، وغير التامة: قد يكون التغير كاملا أو غير تام، فالتغير التام يسمى بالمماثلة التامة، وهو قلب الصوت قلبا تاما ليصبح من جنس الصوت الآخر، كما في: ادكر، قلبت

---

(١) إملاء ما من به الرحمن من وجوه الإعراب للعكبري، دار الشام للتراث ص ٢٥٠، وقرئ: " مدكر" " مذكر" بتشديد الذال.
(٢) نفسه ص٢٤٩.

التاء دالا خالصة، وأدغمت في الدال التي تسبقها، ومثلها: اطرد أصلها: اططرد من اطترد.

والمماثلة غير التامة: هي قلب الصوت إلى صوت قريب من الآخر نحو: نفع وينظم: قلب صوت النون إلى صوت شبيه بالفاء في ينفع، وصوت شبيه بالظاء في ينظم؛ لانتقال مخرج النون إليهما. وقد يقلب الصوت إلى آخر مشابه لما تأثر به نحو: اضطرب قلبت التاء طاء وهى مفخمة مثل الضاد.

وهذا النوع من التماثل الذي يقلب فيه الصوت قلبا تاما أو قلبا شبيها بما يجاوره، يسمى بالموافقة أو تماثل الموافقة، لموافقة الصوت ما يجاوره في الصفات فيقلب الصوت إلى آخر مماثل له أو مقارب لما جاوره، ولا يكون هو هو خالصا.

وقد درس علماء العربية القدماء هذه الظاهرة دراسة مستفيضة، لما لها من أثر في التطور اللغوي، وما تحدثه من تغيير في البنية الصوتية للألفاظ، وهم بذلك رواد البحث في هذا الموضوع.

وقد عقد لهذا الموضوع الدكتور إبراهيم أنيس فصلا فى كتابه الأصوات اللغوية، فعرفه وبين مواضع وقوعه وآراء القدماء فيه، وأثبت أن القدماء قتلوه بحثا فى موضوعات: الإدغام، والإبدال، والقلب وظواهر اللهجات، وبين معالجة القراء لهذا الموضوع فى القراءات القرآنية، وذكر آراء المحدثين فيه من الغربيين، ثم قدم تطبيقا عمليا على نماذج من اللغة العربية التى تحققت فيها ظاهرة التماثل.

وقد كتب الدكتور عبد العزيز مطر بحثا قيما في جهود علماء الأصوات العرب في ابتكار نظرية التماثل الصوتي، التي اهتم بها علماء الأصوات الغربيين حديثا وتوسعوا فيها، وأطلقوا عليها اسم نظرية التماثل، واعتقدوا أنها من ابتكارهم، وقد أعطى الدكتور مطر اهتماما خاصا لجهود سيبويه. وهو إمام النحاة في هذا الموضوع، وقد رأى الدكتور مطر أن التماثل ظاهرة صوتية ذات أثر في التطور اللغوي، اعترف بها، ورسم حدودها وبين أثرها اللغويون المحدثون، ويمثلهم في هذا البحث: اللغوي الإنجليزي " دانيال جونز" (Daniel Jones)، واللغوي العربي الدكتور إبراهيم أنيس [1].

---

(١) مجلة اللسان العربي، المغرب م٧ ، جـ٥٢/١.

وأكد الدكتور مطر أن هذه الظاهرة الصوتية قد عرفت أيضا عند اللغويين القدماء: ويمثلهم: سيبويه (أبو بشر عمرو ت ١٨٠هـ)، وابن جني (أبو الفتح عثمان ت ٣٩٢هـ). وقد بين الدكتور مطر مفهوم التماثل فبدأ بتعريف هذه الظاهرة، وتحديد معالمها، وبيان أثرها في التطور الصوتي عند المحدثين والقدماء.

والتماثل الصوتى يقع فى غير العربية أيضا، وتناوله العلماء الغربيون، وقد عقد دانيال جونز فصلا في كتابه: (An out line of English Phonetics) تناول فيه ظاهرة (Assimilatin) وأثرها في تطور أصوات اللغة الإنجليزية، وبين أثره فى الانجليزية، ولكن جونز كان أكثر تفصيلا له.

وقد عرف جونز التماثل بأنه " استبدال صوت بآخر تحت تأثير صوت ثالث يكون مجاورا له في الكلمة أو في الجملة. وهو عنده نوعان: تماثل عادى، وتماثل يتحقق من إدغام صوتين بحيث يكونان صوتا واحدا، ويسمي هذا النوع " التماثل المجمع أو الإدغام (Coalescent Assimilation). ويمثل " جونز " للتماثل العادي غير التاريخي بالتغير الذي يطرأ على صوت الـ S في الكلمتين (Horse, Shoe) عندما تركبان معا نحو: Horse -Shoe (حدوة الحصان) حيث تنطق الـ S هكذا Sh (ش).

التماثل المجمع (الإدغام): الصوتان قد أثر كل منهما في الآخر، وأدغما واجتمعا في الصوت واحد. ويمثل للتماثل المجمع (الإدغام) Coalescent Assimilation بالكلمتين Roast beef حيث تحولت الـ S إلى Z تحت تأثير صوت الـ B المجهور.

وتوجد أمثلة أخرى عديدة غير التى ذكرها جونز، مثل: " I Can Go "" الصوت الطبقى " g " سيؤثر فى الصوت الأنفى السابق عليه " n " فينقله من مخرجه اللثوى إلى مخرج " g " الغارى، فيصبح " aykago " بإدغام " n " فى " g " حدث فيه ما حدث للنون العربية فى ينفع، ومثله " You and me " تنطق " Yuanmi " [(١)]، وعد " يول " التماثل نوعا من التأليف بين الأصوات، وقد تأثر بجونز وسجل ظواهر أخرى تقع فى الأصوات[(٢)].

---

(١) ارجع إلى: معرفة اللغة، جورج يول ص٧١.

(٢) معرفة اللغة، جورج يول ترجمة الدكتور محمود فراج ١٤٢٣هـ ٢٠٠٣م ص ٧٠ ، ٧١.

وقد درس الدكتور إبراهيم أنيس هذه الظاهرة الصوتية وخصص لها فصلا في كتابه " الأصوات اللغوية ".[1] تحت عنوان: المماثلة Assimilation شرح فيه الظاهرة، وبين نوعيها الرجعي والتقدمي، ومثل لكل منهما، ثم وضح درجات تأثر الأصوات المتجاورة، وقد اعتمد الدكتور أنيس على جهود القدماء وحدد مفهوم المماثلة، وهذا المصطلح لم يستخدمه القدماء بيد أنهم عالجوا الموضوع فيما يقع بين الأصوات من تعاقب وتأثير وإتباع وإدغام وقلب وإبدال وإعلال.

وأثبت الدكتور أنيس أن الخليل عالج المماثلة، وعالجها تلميذه سيبويه وسماها بالمضارعة وبالتقريب والإدغام، وعالجها ابن جنى فى الخصائص. وقال في شرح المماثلة: " تتأثر الأصوات اللغوية بعضها ببعض في المتصل من الكلام ...، ومجاورة الأصوات بعضها لبعض في الكلام المتصل، هي السر فيما قد يصيب بعض الأصوات من تأثر. والأصوات في تأثرها تهدف إلى نوع من المماثلة أو المشابهة بينها، ليزداد مع مجاورتها قربها في الصفات أو المخارج، ويمكن أن يسمي هذا التأثر بالانسجام الصوتي بين أصوات اللغة، وهذه ظاهرة شائعة في كل اللغات بصفة عامة، غير أن اللغات تختلف في نسبة التأثر وفي نوعه " [2]، ويعلق الدكتور مطر على قائلا: " ومع أن أستاذي قد وفي هذه الظاهرة حقها شرحا وتوضيحا، وتمثيلا وتعديلا، لحظت أنه لم يربط بين ما قرره المحدثون وما ذكره سيبويه وابن جني ".

وقام الدكتور عبدالعزيز مطر بتوضيح ظاهرة التماثل فقال: " إذا تجاور صوتان تجاورا تاما، بحيث لا يفصل بينهما صوت لين (حركة) وكانا مختلفين في صفة الجهر والهمس، أو الشدة والرخاوة، أو الإطباق والانفتاح فإن هذين الصوتين يميلان إلى الانسجام بأن يصبحا متماثلين في الصفة[3]، وإذا كان هذان الصوتان المتجاوران متقاربين مخرجا أو صفة، أو متجانسين، فإن التماثل بينهما قد يصل إلى أن يفني أحدهما في الآخر بإدغامه فيه" [4]، وهو مايعرف بالتماثل التام.

---

(١) الأصوات اللغوية، مكتبة الأنجلو ط ١٩٩٠م ص ١٧٨ وما بعدها .

(٢) الأصوات اللغوية: ١٢٦.

(٣) الدكتور عبد العزيز مطر: بحث "علماء الأصوات سبقوا اللغويين المحدثين في ابتكار نظرية التماثل". مجلة اللسان العربي. المغرب م٧جـ١/٥٢، ٥٣.

(٤) نفسه ونقل عن الدكتور أنيس كثيرا من مادة هذا الموضوع، انظر الأصوات اللغوية ص١٧٨.

ويقع التماثل فى الأصوات التى تشترك فى مخرج واحد أومن مخرج قريب، أو تجمع بين الصوتين صفة، ويختلفان فى أخرى، فإن وقع تأثير فى هذه الصفة التى خالف الحرف غيره فيها فماثلت الصفة، الصفة تحول الحرف إلى جنس الحرف الآخر أو قريب منه ويقع التأثير على النحو الآتى:

١ - الجهر والهمس :

تؤثر صفتا الجهر والهمس فى قلب الأصوات أو إبدالها، فإن تأثر بصفة مجاورة قلب إليه أو قريبا منه. والجهر اهتزاز الوترين الصوتيين أثناء نطق الصوت والهمس سكونهما، فقد تغلب إحدى الصفتين الأخرى، فيجانس الصوت نظيره ومثال ذلك بناء وزن افتعل فى بعض الكلمات، يقول الصرفيون إن فاء " افتعل " إذا كانت زايا قلبت التاء دالا، نحو: ازدجر، ازدهي، ازدان، ازدلف ... والأصل: ازتجر، وازتهي، وازتان، وازتلف، لقد جاورت التاء الزاي، والتجاور هنا تام، إذ لم يفصل بين الزاي والتاء حركة. ولما كانت الزاي صوتا مجهورا، وكانت التاء صوتا مهموسا، فإن الصوتين يميلان إلى تحقيق الانسجام بينهما، وتأثرت التاء المهموسة بالزاي المجهورة فجهر بها، وحين يجهر بالتاء تصبح دالا؛ لأن التاء والدال من مخرج واحد، فأصبح صوت الدال والزاي متقاربين فى الصفات فكلاهما مجهور.

ويسمي التأثر الذي تم في هذه الأمثلة تأثرا تقدميا؛ لأن الصوت الثاني، وهو التاء تأثر بالأول وهو الزاي. وهو تماثل غير تام، لأن التاء قلبت دالا ولم تقلب إلى جنس ماسبقها، ومن ذلك: المزدرو والفزد والأصل: المصدر، والفصد قلبت الصاد المهموسة زايا لتقارب الدال[1].

وفي قراءة ابن مسعود: ﴿إذا بعثر ما في القبور﴾[2] [العاديات:٩] أي بعثر، يقال إن العين، وهي صوت مجهور، جاورت الثاء، وهي صوت مهموس، فتأثرت العين بالثاء فهمست، وحين تهمس العين تصبح حاء، لأن الحاء هي النظير المهموس للعين المجهورة،

(١) الكتاب، سيبويه جـ ٤١٨/٢ ، ٢٥٩.

(٢) الكشاف جـ٦٢٥/٤ "قرئ: بحثر وبحث" وذلك فى بعثر وبعث. والمحتسب جـ٣٤٣/١، وروى أن عمر رضى الله عنه سمع رجلا يقرأ:﴿عتى حين﴾[يوسف:٣٥]، فقال: من أقرأك؟ قال: ابن مسعود. وهذا تأثر بلهجات العرب.

ويسمي التأثر الذي تم هنا تأثرا تخلفيا أو رجعيا أي أن الصوت الأول (العين)، تأثر بالثاني (الثاء)، وفي اللهجة المصرية تنطق: " جهاز تسجيل، هكذا: جهاس تزجيل ".

وقد حدث هنا نوعان من التأثر: تأثر الزاي المجهورة في " جهاز " بالتاء المهموسة في " تسجيل " تأثرا تخلفيا، فهمس بالزاي فأصبحت سينا. وتأثر السين المهموسة في " تسجيل " بالجيم المجهورة تأثرا تخلفيا أيضا، فجهر بها، وحين يجهر بالسين تصبح زايا، لأنها نظيرها المجهور. ومثال ذلك: جوزت الولد: جوست الولد.

وفي اللهجة المصرية أيضا ننطق: " خمس دقائق " هكذا: " خمز دآيئ ". وننطق " بالنسبة " هكذا: " بالنزبة " . " وعلى حسب وداد قلبي " هكذا: " على حزب " .. والذي حدث هنا تماثل قلب فيه الصوت المهموس، وهو السين إلى نظيره المجهور، وهو الزاي، بسبب مجاورة السين للصوت المجهور، وهو الدال، أو الباء، تحقيقا للانسجام الصوتي. ومثله وقع بين الغين والخاء فى: صيغت البنت (ألبستها الصيغة أو الحلى): صيخت البنت، تأثرت العين المجهورة بالتاء المهموسة فقلبت خاء مهموسة، والخاء من مخرج الغين.

كذلك ننطق كلمة " أشدق "، وكلمة " مشغول " بجهر الشين، بحيث تقترب من الجيم الشامية (ج) أو " g " فى " goerg "، وتفسير ذلك أن الشين، وهي مهموسة، جاورت الدال، وهي مجهورة، فجهر بالشين، ليصبح الصوتان المتجاوران مجهورين، والغين مجهورة فأثرت فى الشين فأجهرتها، فصارت مثل " g "، وقد يهمس المجهور نحو: أحراش أصلها أحراج صارت الجيم المجهورة شينا مهموسة فهما من مخرج واحد[1].

٢- الشدة والرخاوة :

الشدة : احتباس الهواء ثم انفجاره فى نطق الصوت، والرخاوة : عدم احتباسه، وقد تؤثر إحدى الصفتين فى الأخرى مثل: كلمة ست (للعدد:٦) أصلها: سدس، فقلبت السين تاء فأصبحت سدت ثم قلبت الدال تاء بعد همسها، ثم أدغمت التاء في التاء. وتفسير الحالة الأولي أن السين - وهي صوت رخو - جاورت الدال - وهي صوت شديد - فتأثر

(١) أحراج جمع حرجة وهى الشجر الكثيف الملتف، والعامة تقول أحراش يريدون بها الغابات، والأحراج جمع الحرج: حبالة الصائد، وقلادة الحيوان.

الصوت الثاني بالأول تأثرا تقدميا فقلبت السين إلى نظيرها الشديد، وهو التاء. أما الحالة الثانية، فقد قلب فيها الصوت الأول، وهو الدال إلى تاء بعد أن همس، فالتاء هى النظير المهموس لصوت الدال المجهور ثم أدغم صوت التاء الأول في الصوت الثاني (التاء)، والتأثر هنا تخلفي.

وقوله تعالي: ﴿وجاءت سيارة﴾[يوسف:١٩] قرئ بإدغام التاء في السين. وتفسير ذلك أن التاء - وهو صوت شديد - جاورت السين، وهي صوت رخو، فتأثر الصوت الأول بالثاني فقلبت التاء إلى نظيرها الرخو وهو السين. ثم حدث الإدغام[1]. وقوله تعالي: ﴿ولولا إذ دخلت جنتك﴾[الكهف:٣٩] قرئ بإدغام الذال في الدال، وتفسير ذلك أن الذال وهي صوت رخو جاورت الدال وهي صوت شديد، فقلبت الذال دالا ليصبح الصوتان شديدين، ثم حدث الإدغام. ومن ذلك قلب الباء الشديدة إلى نظيرها الرخو ، وهو الفاء ، في قوله تعالي. ﴿وإن تعجب فعجب﴾[الرعد:٥١] وبعد القلب حدث الإدغام.

٣- الإطباق والانفتاح :

الإطباق : أن ترفع فى النطق طرفى اللسان إلى الحنك الأعلى مطبقا له فيفخم نطق الحرف، فيغلظ الصوت، ويؤثر فى الصوت المرقق الذى ترتفع فيه مؤخرة اللسان ويقع هذا كثيرا فى صيغتى افتعل والافتعال فيها: إذا كانت فاء (افتعل) صوتا من أصوات الإطباق الصاد أو الضاد أو الطاء أو الظاء، قلبت تاء الافتعال طاء، نحو: اصطبر، واضطرب، واطرد، واظطلم، وهي صيغ (افتعل) من الصبر، والضرب، والطرد، والظلم وقد قلب الصوت المنفتح (التاء) إلى نظيره المطبق (الطاء) بسبب مجاورة التاء للصوت المطبق (الصاد أو الضاد، أو الطاء أو الظاء). والتأثير هنا تقدمي، أي أن الصوت الثاني تأثر بالأول، وإنما تم هذا التأثر، ليتحقق الانسجام بين الصوتين المتجاورين بحيث يكونان مطبقين، ووقع ذلك فى القرآن الكريم فى صيغة افتعل، قال الله تعالى: ﴿إن الله اصطفى لكم الدين﴾ [البقرة: ١٣٢]، والأصل اصتفى وقد يقلب إلى نظيره وعليه قرأ: ﴿فلا جناح عليهما أن يصلحا

(١) الأصوات اللغوية ص١٨٠، وعبدالعزيز مطر، التماثل ص٥٤،٥٥.

بينهما صلحا﴾[النساء : ١٢٨] يريد: يصطلحا أو يصتلحا[١].

ووقع فى غير افتعل فى بسط فى قوله: ﴿وزاده بسطة في العلم﴾ [البقرة:٢٤٧] قرأت السين صادا تأثرا بالطاء، ففخمت السين، وقد وقع مثله فى ﴿الصراط﴾[الفاتحة: ٦،٧] قلبت السين صادا لأجل الطاء كقوله ﴿مصيطر﴾ فى " مسيطر " [٢].

وفي اللهجات نقول: مصطرة أي مسطرة، والماء يصخن، بقلب السين صادا، وتفسير ذلك أن الصوت المنفتح، وهو السين جاور الصوت المطبق، وهو الطاء في: مسطرة، والصوت المستعلي، وهو الخاء في: يصخن، فقلبت السين إلى نظيرها المطبق وهو الصاد، تحقيقا للانسجام بين الصوتين المتجاورين.

والتماثل فيها قد يكون تاما نحو افتعل من طرد: اطرد، واظهر، واصلح، اظلم، واطرب، فقد قلبت التاء إلى صوت يجاس ما قبله.

وقد يكون التماثل غير تام نحو: اصطلح، اصطبر، اضطرب، قلبت التاء إلى صوت يماثل ما قبله فى التفخيم دون أن تقلب خالصة إليه.

وقد يقع التماثل تقدميا ورجعيا فى كلمة، مثل: اظلم واطلم، وذلك فى اظطلم، تأثر الأول بالثانى، والثانى بالأول، فقلب كلاهما إلى الآخر فوقع التماثل تاما، ووقع تقدميا ورجعيا فى غير التام نحو: اضطرد واطرد، تأثر الثانى بالأول وتأثر الأول بالثانى فقلب إليه، ووقع مثل هذا فى غير المطبق (المفخم) فى قراءة: ﴿وادكر بعد أمة﴾[يوسف :٤٥] و ﴿اذكر بعد أمة﴾ ، وقوله ﴿هل من مدكر﴾[القمر :١٥] و ﴿هل من مذكر﴾[٣].

وهذا التماثل وسيلة من وسائل تيسير النطق وتسهيله، فالصوت المكرر يقف عليه المتكلم وقفتين وفى ذلك جهد، ويقف كذلك على الصوتين المتخالفين وقفتين، وقد تختلف الحركتان فى الحرفين المكررين والحرفين المتخالفين، فيماثل المتكلم بين الأصوات، فيجعلها من جنس

(١) مختصر فى شواذ القرآن، لابن خالويه، مكتبة المتنبى ص ٣٦، ويصلحا قراءة الجحدرى.
(٢) التبيان فى إعراب القرآن، العكبرى، دار الجيل جـ ٨/١.
(٣) التصريف الملوكى ص١٦٣،١٦٤، والتماثل لعبدالعزيز مطر ص ٥٤،٥٥، والكشاف جـ٣/٤٧٣، والأصوات اللغوية ص١٧٨.

واحد ويماثل بين الحركات إتباعا؛ لئلا تختلف أوضاع النطق وفى ذلك مشقة، فتقع المشاكلة فى الأصوات تيسـيرا وانسجاما وتأليفا لها، وهذا أيسر فى الأداء وأوقع فى السمع وله أثره فى النفس.

** ** ** **

المخالفة

Dissimilation

المخالفة الصوتية : هي قلب صوت إلي آخر مخالف لما جاوره، فقد تشتمل الكلمة على صوتين متماثلين كل المماثلة، فيقلب أحدهما إلى صوت آخر لتتم المخالفة بين الصوتين المتماثلين، وهذا يقع فى صوتين مكررين تخفيفا نحو: تسريت وتظنيت وتقصيت وتقضيت وتمليت وتلعيت من تسررت وتظننت وتقصصت وتقضضت وتمللت وتلععت (من اللعاعة)، وهي أقل شيوعا من المماثلة. وتهدف المخالفة إلي السهولة في النطق وتوفير الجهد العضلي، لأن النطق بالصوت المشدد أصعب من النطق بصوتين متخالفين، فيتخلص المتكلم من المكررين بالمخالفة بينهما تخفيفا.

وتقع المخالفة في اللغة العربية إذا وجد في الكلمة أصوات متماثلة صوتان أو أكثر من الأصوات الصامتة، فيقلب أحدهما - الأخير غالبا - إلي صوت لين[1]. وقد عالج سيبويه هذا الموضوع فى " باب ما شذ فأبدل مكان اللام الياء لكراهية التضعيف وليس بمطرد " [2].

وقانون المخالفة يسير في عكس تجاه قانون المماثلة، فقانون المماثلة يحاول التقريب بين أصوات بينها بعض المخالفات، أما قانون المخالفة، فإنه يعمد إلي صوتين متماثلين تماما في كلمة من الكلمات، فيغير أحدهما إلي صوت آخر، فيغلب أن يكون من أصوات العلة الطويلة أو من الأصوات المتوسطة أو المائعة، وهي: اللام، والميم، والنون، والراء[3].

ويقع فى غيرها أقل منها، ويقع وسطا وآخرا ولا يقع أولا لعدم مجيء المكرر أولا.

ومثال هذا " دسس " اجتمع ثلاثة أصوات صامتة، هي السين المشددة ثم السين الأخيرة، فقلبت السين الأخيرة إلي صوت لين طويل هو ألف المد فأصبحت (دسى)، وجاء هذا في قوله تعالي: ﴿وقد خاب من دساها﴾ [الشمس:١٠] أصلها دسسها فأبدلت السين الأخيرة ألفا لكثرة الأمثال.

---

(١) الأصوات اللغوية ص ٢١٠.
(٢) الكتاب جـ٤/٤٢٤.
(٣) التطور اللغوي ص ٥٧ .

ومثال هذا أيضا: تسرر، اجتمع ثلاثة صوامت هي الراء المشددة والراء الأخيرة، ويتطور صوت الراء الأخير إلي ألف، فتصبح تسرر: تسري. قلبت الراء إلي صوت آخر هو ألف المد. وتقضيت من تقضض ومثال: تمطط تقلب الطاء الأخيرة إلي ألف، فتصبح: تمطى، قال تعالى: ﴿ثم ذهب إلى أهله يتمطى﴾[القيامة:٣٣] ومثال: تظنن تقلب النون الأخيرة إلي ألف مد، فصارت الكلمة تظن، ولهذا يقال: تظنيت، وتظننت أيضا[١].

قال سيبويه في باب سماه " هذا باب ما شذ " فأبدل مكان اللام الياء لكراهية التضعيف، وليس بمطرد " : " وذلك قولك: تسربت، وتظنيت، وتقصيت من القصة، وأمليت.

كما أن التاء في أسنتوا مبدلة من الياء، أرادوا حرفا أخف عليهم منها وأجلد كما فعلوا ذلك في أتلج، وبدلها شاذ هنا بمنزلتها في ست، وكل هذا التضعيف فيه عربي كثير جيد[٢]. ومثال: قراط تقلب الراء الثانية ياء: قيراط، ومثال: دنار تقلب إلي دينار بدليل الجمع: قراريط[٣]، دنانير. ومثال: أملل وأملي قال تعالي ﴿وليملل الذي عليه الحق﴾[البقرة:٢٨٢][٤] ماضى أمل ومثال: إجاص : إنجاص (الكمثري) وأترج: أترنج. وكراسة: كرناسة، وخلط: خلبط، ولخبط (وقع فيها قلب مكاني). وخمش: خرمش، وخرشم (وقع فيها قلب مكاني). وقنبيط: قرنبيط، ومهدم: مهردم. نكش: نعكش. شرط: شرمط. طبق: طربق (طربأ في العامية). سكر: سنكر[٥]. ومثال عنوان: علوان. " لعل " فيها لغات مشهورة ومنها: لعن[٦].

وقد فطن العرب القدماء لظاهرة المخالفة وعبروا عنها بـ " كراهية التضعيف " أو كراهية

---

(١) الأصوات اللغوية ص ٨٥ والمقتضب للمبرد جـ٢٠٠/١.

(٢) كتاب سيبويه، أبو بشر عمرو بن عثمان بن قنبر، تحقيق عبد السلام محمد هارون، مكتبة الخانجي جـ٤ / ٤٢٤. والمقتضب جـ٢٠٠/١.

(٣) الكتاب جـ٣١٣/٢، والأشباه والنظائر جـ٢٧/١.

(٤) يملل من أمل، وجاء فيه أملى، ومنه قوله تعالى: ﴿فهي تملى عليه﴾[الفرقان:٥]، التبيان فى إعراب القرآن، العكبرى ص٢٢٨، والتطور اللغوي ص ٥٨ ويري الدكتور رمضان أن العنقود أصلها العقود بتشديد القاف، ففي العنقود نوع من التعقيد، وسر الصناعة لابن جنى جـ١٣٤/١.

(٥) التطور اللغوي ص ٥٩ ، ٦٠.

(٦) التطور اللغوي ص ٦٢.

اجتماع حرفين من جنس واحد " أو " اجتماع الأمثال مكروه " واستثقلوا اجتماع المثلين " وغير ذلك، فقد وضع سيبويه عنوانا لهذا الموضوع أسماه " هذا باب ما شذ فأبدل اللام مكان الياء، لكراهية التضعيف، وليس بمطرد " [(١)]. وأسماه الخليل بن أحمد " الاختلاف " [(٢)] وعلله العلماء بكراهة اجتماع الأمثال. ففروا منه إلى القلب، نحو: دهديت الحجر، والأصل: دهدهت، فقلبوا الهاء الأخيرة ياء كراهة إجتماع الأمثال، وقال الخليل: أصل مهما الشرطية: ماما، قلبوا الألف الأولى هاء لاستقباح التكرير[(٣)] ولاشك أن المخالفة فى الصوت المكرر تيسر النطق عما إذا كان مضعفا، فحروف اللين أيسر نطقا فى دينار، وقيراط من قولنا دنار، وقراط[(٤)].

والسبب في وقوع المخالفة من الناحية الصوتية هو أن الصوتين المتماثلين يحتاجان إلي جهد عضلي، في النطق بهما في كلمة واحدة، ولتيسير هذا المجهود العضلي يقلب أحد الصوتين صوتا آخر من تلك الأصوات التي لا تتطلب مجهودا عضليا. كاللام والميم والنون .

ومن صور المخالفة في الحركات كسر نون المثني: ولدان، كتابان، وسبب كسر نون المثني توالي حركة الفتح، الفتحة الأولي طويلة (الألف) والثانية الفتحة التي تقع علي النون، ويعد الفتح أصلا بدليل فتح نون جمع المذكر السالم. وقد تحولت الفتحة الثانية إلي كسرة لتوالي الفتحتين، فأصبح الصوتان متماثلين في الفتح، وهذا يكلف المتكلم جهدا، فوقعت المخالفة في الفتحة الأخيرة لتيسير المجهود العضلى، وقد احتفظت كتب التراث ببعض الأمثلة تفتح فيها نون المثني منها " شتان أخوك وأبوك " أي هما متفرقان، فهو تثنية: شت، والشت: المتفرق. وأطلق الدكتور رمضان عبد التواب علي بقايا الظواهر القديمة اسم الركام اللغوي أي الآثار اللغوية التي احتفظت بمظاهرها القديمة، ومن هذه الأمثلة ما رواه أبو زيد في نوادره[(٥)]: قول رجل من ضبة :

أعرف منها الأنف والعينانا ومنخران أشبها ظبيانا

---

(١) الكتاب لسيبويه. ط بولاق ١٣١٧هـ ج٢/٤٠١.

(٢) الأشباه والنظائر للسيوطي، المكتبة العصرية جـ١ / ٢٧،٢٨، وارجع إلي: التطور اللغوي ص ٦٢ ، ٦٣.

(٣) الأشباه والنظائر، السيوطى جـ١/٢٧،٢٨.

(٤) الكتاب (ط الهيئة)، جـ ٣١٣/٢، والمقتضب جـ ٢٠٠/١، ومنها أصيلال وأصيلان قيل: الأصل: أصيل وزيدت ألف ونون مبالغة، فماثلت النون اللام: أصيلال فهى مماثلة وليست مخالفة، الكتاب جـ ٢٤٠/٤.

(٥) النوادر في اللغة، أبو زيد الأنصارى، بيروت ١٨٩٤م ص ٦٧ والتطور اللغوي ص٦٥.

وقد فتحت نون المثني في البيتين، والبيتان علي لغة من يلزمون المثني حالة واحدة، فيعرب إعراب المفرد، والدليل أن النون في الأصل مفتوحة أنها تفتح في نون جمع المذكر السالم وفي نون التوكيد المشددة، ونون الأفعال الخمسة في مثل: يفعلون: تأكلون، وتفعلين، أصلها في تفعلان الفتح، وكذلك في يفعلان، ولكن كسرت النون في حالة إسناد الفعل إلي المثني المخاطب والغائب عملا بقانون المخالفة؛ لأن ما قبلها في الفعلين مفتوح وهو " ألف المثني " حركة مد طويلة(١).

وقد فسر بعض العلماء كسر حركة الإعراب في إعراب جمع المؤنث في ضوء قانون المخالفة، فحركة ما قبل التاء الفتح، فكره توالي الفتح، فكسرت الفتحة الأخيرة في مثل: يتزوج المؤمنون العفيفات القانتنات العابدات.

وهنالك بقايا لغوية (ركام لغوي) تفتح فيه التاء في جمع المؤنث، ورواها أهل اللغة المتقدمون، ومنها: المثل العربي القديم: " استأصل اللـه عرقاتهم "، روي بفتح التاء.

ومارواه الخليل بن أحمد عن العرب أنهم يفتحون التاء في مثل: " رأيت بناتك، بالفتح لخفته" (٢). والمخالفة الكمية بين المقاطع الصوتية من المخالفة الصوتية، وهي ما يقع في اللغة من إطالة الحركة أو تقصيرها، ومن أمثلة هذا ما يحدث لحركة ضمير المفرد الغائب في العربية الفصحى، فالأصل في هذه الحركة الضمة الطويلة، وتحدث له المماثلة الصوتية مع الكسرات قبله، وقد احتفظت العربية الفصحى بالطول في حركته بعد المقاطع القصيرة، مثل: له: يلهو به: بهي.

وقد تقصر حركته في بعض المقاطع الطويلة عن طريق المخالفة، مثل " فيهي" تقصر حركته، فيصبح " فيه " و " منهو " يصبح " منه ". والياء فى " فيهى " إشباع لحركة الكسرة التى جانست الياء، وأشبعت الضمة فى " منهو " ، لأن الضمة هى الأصل فى الضمير ومثله: همو والأصل: هم(٣).

---

(١) التطور اللغوي ٦٥ ،٦٦.

(٢) العين للخليل بن أحمد الفراهيدي، تحقيق عبد اللـه درويش. بغداد ١٩٦٧م حـ١٧٤/١، والتطور اللغوي٦٥،٦٦، ومصطلح "ركام لغوى" من وضع دكتور رمضان رحمة اللـه عليه.

(٣) المحتسب جـ ٤٣/١.

ولكن وقعت المخالفة فعدل المتكلم عن الضمة إلى الكسرة تأثرا بالياء في عليهي وفيهي، ومن هذا ما قرأ به ابن كثير وحفص قوله تعالى: ﴿ويخلد فيه مهانا﴾ [الفرقان : ٦٩] قرأ الاثنان: (فيهي مهانـا) بمـد حركـة الكسر في الهاء ياء (حركة طويلة)(١). قال ابن خالويه: قوله تعالى: ﴿فيه مهانا﴾ يقرأ بكسر الهاء، وإلحـاق يـاء بعدها(٢).

ومثله قوله تعالى: ﴿مشوا فيه﴾ [البقرة : ٢٠] قرأ ابن كثير بإشباع كسرة الهاء ووصلها بالياء، وكذلك كل هـاء قبلهـا، فـإن كـان قبـل الهـاء حـرف مفتـوح أو سـاكن ضـم الهـاء، ووصـلها بـواو نحـو:﴿فقـدره هو﴾ [الفرقان:٢]﴿فلما كشفنا عنه ضره﴾ [يونس:١٢].

والحجة له في ذلك أن الهاء حرف خفي، فقواه بحركته وحرف من جنس الحركة. وقرأ الباقون بإشارة إلى الضم والكسر من غير إثبات حرف بعد الهاء، والحجة لهم في ذلك: أنهم كرهوا أن يجمعوا بين حرفين سـاكنين ليس بينهما حاجز إلا الهاء، وهي حرف خفي، فأسقطوه. (أي الحرف الموصول بالهاء) وبقوا الهاء على حركتها، وأصل حركتها الضم، وإنما يكسر إذا جاوز بها الهاء، وربما تركت على ضمها"(٣).

وقد لجأ بعض العرب إلى المخالفة للتخلص من الصوتين المكررين وثقلهـما فـي النطـق فيخـالفون بيـنهما تخفيفا وتيسيرا على المتكلم، وهذا من عوامل التطور اللغوي ونتيجة مباشرة للتفاعل بـين الأصـوات فيـأتلف بعضها ويختلف بعضها الآخر في ألسنة الناس.

انتهى بحمد اللـه كتاب أصوات اللغة.

الدكتور محمود أبو المعاطي عكاشة

---

(١) التيسير في القراءات السبع، لأبي عمرو الداني ، إستانبول، ١٩٣٠م، ص١٦٤.
(٢) الحجة في القراءات السبع، دار الشروق ص ٢٦٦.
(٣) الحجة في القراءات السبع لابن خالويه ص ٧٢.

المراجع

– الإبدال والمعاقبة والنظائر , عبد الرحمن بن إسحق الزجاجي , دار الولاء, ط١٤١٤/١هـ .

– أسس علم اللغة , ماريو باي , ترجمة أحمد مختار عمر , عالم الكتب ١٤١٩هـ ١٩٩٨م.

– الأشباه والنظائر, جلال الدين السيوطي , المكتبة العصرية, لبنان, ١٤٢٠هـ ١٩٩٩م.

– أسباب حدوث الحروف , أبوعلي الحسين بـن سـينا, تحقيـق محمد حسن الطيـات , يحيي مـير, مراجعة الدكتور سالم الفحام , والأستاذ أحمد راتب النفاخ , مطبوعات مجمع اللغة العربية , دمشق ط١٩٨٣/١م.

– الأصوات العربية كمال بشر , دار المعارف ١٩٨٠م.

– الأصوات اللغوية , الدكتور إبراهيم أنيس , عالم الكتب.

– أصوات اللغة , الدكتور عبد الرحمن أيوب , مطبعة الكيلاني , ط١٩٦٨/٢م.

– أطلس أصوات اللغة العربية , الدكتور وفاء البيه , الهيئة العامة للكتاب.

– الاقتراح في أصول النحو وجدله , عبد الرحمن بن أبي بكر السيوطي , تحقيق محمود فجال , مطبعة الثغـر , جامعة الإمام محمد بن سعود الإسلامية.

– إملاء ما من به الرحمن من وجوه الإعراب , والقراءات في جميع القرآن , أبو البقاء عبد الـلـه بـن الحسـين بن عبد الـلـه العكبري , دار الشام.

– الإيضاح في شرح المفصل , لأبي عمرو عثمان بن عمر المعروف بابن الحاجب , سلسلة إحياء التراث الإسلامي , وزارة الأوقاف , بغداد , مطبعة العاني ١٩٨٣م.

– البيان والتبيان , أبو عمرو عثمان بن بحر الجاحظ , المكتبة العصرية , لبنان ١٤٢٤هـ - ٢٠٠٣م.

– التبيان في إعراب القرآن , أبو البقاء عبد الـلـه بن الحسـين العكبري , تحقيـق عـلي البجـاوي , دار الجيـل , بيروت ١٤٠٧هـ - ١٩٨٧م.

– التتمة في التصريف , محمد بن أبي الوفاء الموصلي , القبيصي , مطبوعات نادي مكة ط١٤١٤/١هـ - ١٩٩٣م.

– التجويد والأصوات , الدكتور إبراهيم نجا , القاهرة ١٩٧٢م.

– تسهيل الفوائد وتكميل المقاصد، إبن مالك , تحقيق محمد كامل , دار الكاتب العربي ١٣٨٧هـ - ١٩٦٧م.

– التصريف الملوكي , أبو الفتح عثمان بن جني , تحقيق البدراوي زهران , الشركة المصرية للنشر , لونجمان ٢٠٠١م.

– التطور اللغوي,الدكتور رمضان عبد التواب, مكتبة الخانجي, القاهرة١٤١٠هـ ١٩٩٠م.

– التمهيد في علم التجويد , تحقيق سعيد صالح مصطفي , دار ابن خلدون.

– الحجة في القراءات السبع للإمام ابن خالويه , تحقيق عبد العال سالم , دار الشروق ط١٣٩٧/٢هـ - ١٩٩٧م.

– الخصائص , أبو الفتح عثمان بن جني , تحقيق علي النجار , الهيئة العامة للكتاب.

– دراسة الصوت اللغوي , الدكتور أحمد مختار عمر, ١٤١١هـ - ١٩٩١م عالم الكتب.

– دروس في علم الأصوات العربية لجان كانتنينو , ترجمة صالح القرماوي , الجامعة التونسية ١٩٦٦م.

– الدلالة اللفظية , الدكتور محمود عكاشة مكتبة الأنجلو المصرية ٢٠٠٢م - ١٤٢٣هـ

– الدقائق المحكمة في شرح المقدمة الجزرية , الشيخ زين الدين أبي يحيي زكريا الأنصارى، دار الجفان، ط١٤١٦/٢هـ

– سر صناعة الإعراب , عثمان بن جني , وزارة المعارف العمومية , مصر ١٩٥٤م، وسر الصناعة بتحقيق حسن هنداوي ط١٤٠٥/١هـ - ١٩٨٥م، دار العلم، دمشق.

– شرح المفصل , موفق الدين , يعيش بن علي بن يعيش , عالم الكتب , بيروت , مكتبة المتنبي (د . ت).

– علم الأصوات , برتيل مالمبرج , ترجمة وتعليق الدكتور عبد الصبور شاهين , مكتبة الشباب, ١٩٨٨م.

– علم الأصوات - دراسة مقارنة , الدكتور صلاح الدين حسنين , دار الإتحاد العربية , ط١٩٨٣/٢م.

– علم الأصوات , الدكتور كمال بشر، دار غريب ط٢٠٠٠/١م.

– علم اللغة العامة - مقدمة للقارئ العربي , الدكتور محمود السعران , دارالمعارف , ١٩٦٢م.

– العين , الخليل بن أحمد ، تحقيق: عبدالله درويش ، بغداد ١٩٦٧م.

– كتاب سيبويه ، عمرو بن عثمان بن قنبر ، الهيئة العامة للكتاب ، ١٩٧٩م.

– الكشاف عن حقائق التنزيل وعيون الأقاويل ، فى وجوه التأويل، جار الله الزمخشرى ، تحقيق: يوسف الحمادى ، مكتبة مصر (جودة السحار).

– لطائف الإشارات لفنون القراءات ، شهاب الدين القسطلانى ، تحقيق: الشيخ عامر السيد عثمان ، والدكتور عبدالصبور شاهين ، القاهرة ١٩٧٢م.

– اللغة العربية معناها ومبناها ، الدكتور تمام حسان ، الهيئة العامة للكتاب ، ١٩٧٩م.

– اللغة العربية ، فندرس ، ترجمة: الدواخلى ، والقصاص ، لجنة البيان العربى ، القاهرة ١٩٥٠م.

– المحتسب ، فى تبيين وجوه شواذ القراءات والايضاح عنها ، أبو الفتح عثمان بن جنى ، تحقيق ثلاث علماء ، المجلس الأعلى للشئون الاسلامية ، ١٤١٥هـ - ١٩٩٤م.

– المدخل إلى علم اللغة ، دكتور رمضان عبدالتواب ، مكتبة الخانجى ط٢ /١٤٠٥هـ - ١٩٨٥م.

– المدخل إلى علم اللغة ، دكتور محمود فهمى حجازى ، دار الثقافة ، القاهرة ١٩٧٦م.

– معرفة اللغة ، جورج يول ، ترجمة: د / محمود فراج ط١ /١٤٢٣هـ - ٢٠٠٣م.

– المقتضب ، أبوالعباس بن يزيد المبرد ، تحقيق: محمد عبدالخالق عضيمة ، المجلس الأعلى للشئون الاسلامية ١٤١٥هـ - ١٩٩٤م.

الدوريات

– علم الأصوات عند سيبويه وعندنا ، شادة ، صحيفة الجامعة المصرية ، السنة الثانية ١٩٣١م، العدد الخامس.

– علماء الأصوات العرب سبقوا اللغويين المحدثين في إبتكار نظرية التماثل ، الدكتور عبدالعزيز مطـر ، مجلـة اللسان العربي - المغرب ، يناير ١٩٧٠م - ذو القعدة ١٣٨٩هـ م ٧ ج١.

– الوحدة الأصلية بين اللغات ، مظهر لوحدة إنسانية عريقة ، عبدالعزيز بن عبدالله ، مجلـة اللسـان العـربي ، يناير ١٩٧٠م - ١٣٨٩هـ

الفهرس

الموضوع	الصفحة
مقدمة الطبعة الثانية	٥
مقدمة الطبعة الأولى	٧
تمهيد	٩
علم الأصوات	١٢
- موضوع علم الأصوات	١٣
- فروع علم الأصوات	١٤
- علم الأصوات النطقى	١٥
- علم الأصوات الفيزيقى	١٦
- علم الأصوات السمعى	١٦
الأعضاء الصوتية	١٨
أولا : الرئتان	١٨
ثانيا : القصبة الهوائية	١٩
ثالثا : الحنجرة	١٩
رابعا : التجاويف الرنينية	٢٤
- تجويف الحلق	٢٦
- تجويف الأنف	٢٨
- تجويف الفم	٢٩

الموضوع	الصفحة
الأصوات (نشأة البحث الصوتي) ————	٣٣
مخارج الأصوات ————————————	٣٩
الأصوات ونطقها عند المحدثين ————————	٤٤
١- الأصوات الشفوية ————————	٤٤
٢- الأصوات الشفوية الأسنانية ————	٤٥
٣- الأصوات الأسنانية ————————	٤٥
٤- الأصوات الأسنانية اللثوية ————	٤٦
٥- الأصوات اللثوية ————————	٤٧
٦- الأصوات الغارية ————————	٤٩
٧- الأصوات الطبقية ————————	٥١
٨- الأصوات اللهوية ————————	٥١
٩- الأصوات الحلقية ————————	٥٢
١٠- الأصوات الحنجرية ————————	٥٢
١١- الأصوات الأنفية ————————	٥٣
الأصوات الصائتة ————————	٥٧
صفات الأصوات العامة ————————	٦٥
- أولا : الجهر والهمس ————————	٦٥
- ثانيا : الشدة الرخاوة ————————	٦٧

الصفحة		الموضوع
٦٩	————————————	- ثالثا : الإطباق والانفتاح
٧٥	————————————	- الأصوات المفخمة
٧٨	————————————	- الأصوات المستعلية
٧٨	————————————	- أصوات الصفير
٧٩	————————————	- صوت التفشى
٧٩	————————————	- الاستطالة
٨١	————————————	المماثلة الصوتية
٩١	————————————	المخالفة
٩٧	————————————	المراجع
١٠١	————————————	الفهرس

هذا الكتاب

تناول فيه المؤلف مايتعلق بالأصوات فى إيجاز شـديد ، فقد تنـاول أعضـاء النطـق وفصّلها تفصيلاً ثم انتقل منها إلى الأصوات ، فبحث الأصوات عند القدماء وجهـودهم الصوتية ثم بحثها عنـد المحـدثين وقـارن بينهما ، ثـم تنـاول المؤلـف مخـارج الأصوات وصفاتها.

وعالج موضوع الحركات والتماثل الصوتى الذى يحدث فى الأصوات بتأثير بعضها فى بعض، وعالج هذا الموضوع معالجة علمية وافية.

وقد حرص المؤلف أن يقدم موضوع كتابه فى شكل سهل ميسّر ، ليجـد طريقه إلى فهم القارئ والباحث.

وتتمنى الأكاديمية الحديثة للكتاب الجامعى للقارئ العزيز أن يسد الكتاب حاجته وأن ينتفع به ، و اللـه الموفق.

الناشر

Printed in the United States
By Bookmasters